Theodor Nördlinger

Der Einfluss des Waldes auf die Luft- und Bodenwärme

Theodor Nördlinger

Der Einfluss des Waldes auf die Luft- und Bodenwärme

ISBN/EAN: 9783955621759

Auflage: 1

Erscheinungsjahr: 2013

Erscheinungsort: Bremen, Deutschland

@ Bremen-university-press in Access Verlag GmbH, Fahrenheitstr. 1, 28359 Bremen. Alle Rechte beim Verlag und bei den jeweiligen Lizenzgebern.

Der

Einfluss des Waldes

auf

die Luft- und Bodenwärme.

Von

Dr Theodor Nördlinger,
Königl. württemb. Forstamtsassistent zu Tübingen.

BERLIN.
VERLAG VON PAUL PAREY.
Verlagshandlung für Landwirthschaft, Gartenbau und Forstwesen.

1885.

Vorwort.

Seit dem 1. Januar 1880 besteht zu St. Johann O./A. Urach eine von der württembergischen forstlichen Versuchsstation im Einverständnisse mit der königlichen Forstdirektion eingerichtete **forstlich-meteorologische Doppelstation**[1]). Ausserdem existiren im deutschen Reiche noch 16 andere Stationen, die für forstliche Zwecke errichtet worden sind und an denen wie in St. Johann nach einer besonderen, vom Vereine deutscher forstlicher Versuchsanstalten erlassenen Instruktion vergleichende meteorologische Beobachtungen angestellt werden.

Zweck der lezteren ist, kurz gesagt, die **Erforschung der klimatischen Bedeutung der Wälder**. Die Wichtigkeit dieses Kapitels, dem in der Forstpolizeilehre eine bedeutungsvolle Rolle zufällt, ist von keinem Fachmann in Abrede gezogen und leuchtet auch dem Laien auf den ersten Blick ein.

Die Beobachtungsergebnisse obiger Stationen werden alljährlich in Müttrich's forstlich-meteorologischen Jahresberichten veröffentlicht. Die zu St. Johann ermittelten Resultate finden zudem regelmässig Aufnahme in der Allgemeinen Forst- und Jagdzeitung. Deren Zusammenstellung ist für die leztverflossenen drei Jahre, während welcher ich an der forstlichen Versuchsstation zu Tübingen als Assistent funktionirte, mir zugefallen.

Die feste Ueberzeugung dass derartige trockene Zahlenreihen wie so manches andere statistische Material kein allgemeines Interesse beanspruchen können, so lange sie ohne erklärenden Text in die Welt hinausgegeben werden, legte mir den Gedanken nahe, eine Bearbeitung der in jüngster Zeit veröffentlichten Ergebnisse unserer Station zu versuchen. Anfangs glaubte ich das Studium der verschiedenen hiebei in Betracht kommenden klimatischen Faktoren erschöpfen zu können, kam jedoch mit der Zeit zur Erkenntnis, dass die Arbeit alsdann für ihren nächsten Zweck zu umfangreich geworden wäre.

---

[1]) Ueber deren innere Einrichtung ist näheres zu ersehen aus der Allgemeinen Forst- und Jagdzeitung, Jahrgang 1880, Septemberheft S. 325 ff. u. Danckelmann's Zeitschrift für Forst- u. Jagdwesen. Jahrg. 1880, Juniheft S. 349.

So war ich genötigt mich auf das Gebiet der Temperatur zu beschränken und die übrigen nicht minder wichtigen Kapitel wie Einfluss des Waldes auf Regenmenge und sonstige Feuchtigkeitsverhältnisse, auf Luftströmungen und andere Witterungserscheinungen beiseite zu lassen.

Die Aufstellung der fünf Tafeln, welche meiner Arbeit zu Grunde liegen, geschah nach dem Gesagten unter Benüzung der in oben beschriebener Weise veröffentlichten Beobachtungsergebnisse der Station St. Johann, soweit sie sich auf Luft- und Bodenwärme beziehen. Bei Darstellung des Einflusses des Waldes auf die Bodentemperatur, für welche stets nur die Tagesmittel der Morgen- und Abendbeobachtung publizirt werden, und Benüzung der Ablesungsdaten einzelner Monate des Jahrgangs 1884, dessen Resultate noch der Veröffentlichung harren, habe ich die vom beobachtenden Personale geführten monatlichen Haupttabellen verwertet.

Dass die Vornahme täglicher Aufzeichnungen über die Vorgänge in der Atmosphäre eine mühevolle Arbeit ist, liegt auf der Hand. Gern wird man daher ab und zu bei Auffindung scheinbarer Unregelmässigkeiten die Richtigkeit der dieselben aufweisenden Beobachtungsergebnisse in Zweifel zu ziehen geneigt sein. Anfangs schienen leztere, namentlich soweit sie im Winter gewonnen waren, erhebliche Widersprüche zu verraten, auch nachdem in Anstandsfällen sorgfältige Prüfung der in den Monatszusammenstellungen enthaltenen Aufschriebe an der Hand der täglichen Originalaufzeichnungen stattgefunden hatte.

Da musste wohl dann und wann der Gedanke auftauchen, dass z. B. strenge Winterkälte die Bedienung der Instrumente, ja schon die einfache Besorgung der Bleistifteinträge erschwere und hiedurch die Pünktlichkeit, welche leztere erfordern, in Frage stelle. Wenn trozdem die in nachfolgender Arbeit niedergelegten Zahlen und aus diesen abgeleiteten Folgerungen über einzelne Punkte des von mir gewählten Themas ein abschliessendes Urteil gestatten, so spricht diese Thatsache beredt zu Gunsten der Zuverlässigkeit der gemachten Aufzeichnungen.

Leztere wurden von den zwei zu St. Johann stationirten königlichen Forstwächtern Rall[1]) und Gau angestellt, zwischen welchen der Ablesungsdienst auf den beiden Stationen, der auf dem

---

[1]) Erstgenannter Diener ist seit Beginn der meteorologischen Beobachtungen, also bereits im sechsten Jahre thätig und umsomehr mit den einschlägigen Arbeiten vertraut, als er infolge öfteren Wechsels im Hutspersonale mehrfach in die Lage gekommen war, neu eintretende Kollegen in die Handhabung der Instrumente u. s. w. einzuleiten.

St. Johanner Gestütsfelde befindlichen Frei- und der im Staatswalde des Reviers Eningen untergebrachten Waldstation, allwöchentlich abwechselt.

Noch habe ich einige Bemerkungen über die Art der von mir gewählten Methode vorauszuschicken.

Viele Gesezmässigkeiten im Verhalten der Boden- und Lufttemperatur, welche sich zwischen Wald und Feld im Laufe der Untersuchung herausgestellt haben, lassen sich ganz allgemein jahraus jahrein nachweisen, sofern man sich nur über deren Vorhandensein Rechenschaft geben will, ohne die Stärke ihres Auftretens, den ziffermässigen Ausdruck ihres Effekts ins Auge zu fassen. In leztgenannter Beziehung herrscht begreiflicherweise grosse Mannigfaltigkeit.

Darum erschien mir eine Besprechung des Ganges der Wärmeveränderungen in der Luft und im Erdboden von Monat zu Monat, welchen Weg Ebermayer seinerzeit (s. S. 33) eingeschlagen hat, zu umständlich.

So habe ich mich zur Vermeidung unnötiger Wiederholungen und behufs Erhöhung der Uebersichtlichkeit da und dort tabellarischer Darstellungsform bedient, auch unter Umständen zu knapper mathematischer Ausdrucksweise meine Zuflucht genommen, übrigens nur in Fällen, wo dieser Modus zweckmässig schien und nicht etwa eine in lästiger Weise sich geltend machende Störung für den fortlaufenden Text zu befürchten war.

Tübingen im März 1885.

Th. Nördlinger.

Inhaltsübersicht.

                                                                          Seite

§. 1. **Einfluss des Waldes auf die Luftwärme** 1
    I. Einfluss auf die Tagestemperatur der Luft
        A. Zu verschiedenen Tagesstunden 4
(Einfluss des Waldes auf die täglichen Wärmeschwankungen.)
            1.) Regel für Sommertage: Kpf < Bk < Fd
              a) zur Zeit des höchsten Thermometerstandes
                  α) innerhalb der täglichen Periode 8
                  β) innerhalb der jährlichen Periode 9
              b) sommers den ganzen Tag über 11
              c) winters 12
                α) nachmittags regelmässig
                β) morgens ausnahmsweise
            2.) Regel für Wintermorgen: Kpf < Fd < Bk
              a) morgens regelmässig 13
              b) nachmittags ausnahmsweise 17
        B. Einfluss des Waldes auf die eigentliche Tagestemperatur
(Ueberflüssigkeit der Abendbeobachtung) 18
    II. Einfluss des Waldes auf die Nachttemperatur . . . 22
    III. Einfluss des Waldes auf die Gesamttemperatur . . 30
(Vergleichung deutscher und französischer Beobachtungsergebnisse . 36
Einfluss des Waldes während der Vegetationsperiode und zur Zeit
    der Winterruhe . . . . 41)
    IV. Einfluss des Waldes auf die Jahresmittel der Luftwärme 43
(Ermittelung des Einflusses auf die eigentliche Tagestemperatur
    durch Anstellung von Maximabeobachtungen im Winter allein . 44)

§. 2. **Einfluss des Waldes auf die Bodenwärme**
    I. Einfluss auf die täglichen Wärmeschwankungen
      im Boden 48
    II. Einfluss auf die Monatmittel der Bodentemperatur
        A. Sommergesez: Wb < Fb
            1.) den ganzen Tag über
              a) Oberfläche und tiefer gelegene Schichten
                  α) Verhalten der verschiedenen Bodentiefen 53
                  β) Verhalten der einzelnen Bodenschichten 54
                  γ) Tagesmittel der Bodentemperatur 55
                    aa) in den einzelnen Tiefen
                    bb) in verschiedenen Schichten
              b) winters in Tiefen von mehr als $^1/_2$ m 57
              c) März, sofern winterlich
            2.) nachmittags an der Oberfläche 57

B. **Wintergesez:** Wb $\geq$ Fb
    1.) den ganzen **Tag** über
        a) bis zu $1/2$ m Bodentiefe 59
        b) von $1/2$ m an (Februar) 60
        c) von $1/20$ bis $3/4$ m (März) 60
    2.) nur vormittags 61

III. **Einfluss des Waldes auf die mittlere Bodentemperatur der vier Jahreszeiten**
    A. **Einfluss der täglichen Wärmeschwankung auf den Temperaturunterschied zwischen Feld- und Waldboden** . . 62
    B. **Tagesmittel der Bodentemperatur** 67

IV. **Einfluss des Waldes auf die Extreme der Bodentemperatur** 71

V. **Einfluss des Waldes auf die Jahresmittel der Bodentemperatur** 74

§. 3. **Einfluss des Waldes auf die Beziehungen zwischen Boden- und Luftwärme**
    I. **Einfluss auf die Monatmittel derselben** 80
    (Natur der Erdoberfläche . . . . 81)
    A. **Ungefrorener Boden** 82
        1.) **Feldsommergesez:** Bo $>$ Lu
        a) auf freiem Felde regelmässig sommers
        b) im Wald ausnahmsweise (November)
        2.) **Waldsommergesez:** Bo $<$ Lu
        a) auf freiem Felde
            α) nm regelmässig an Tautagen
            β) vm ausnahmsweise
        b) im Walde
            α) sommers regelmässig den ganzen Tag
            β) winters nm an Tautagen
    B. **Gefrorener Boden (winters)** 83
        1.) **Feldsommergesez:** Bo $>$ Lu
        a) auf freiem Feld an Frosttagen
        b) im Walde
            α) den ganzen Tag bei Frost
            β) vm bei schwacher Kälte
        2.) **Waldsommergesez:** Bo $<$ Lu
        vm auf freiem Felde bei schwacher Kälte
    (Eigenwärme der Waldbäume . . . . 84)
    II. **Einfluss des Waldes auf die Beziehungen zwischen den Jahresmitteln der Boden- und Lufttemperatur** . . . 89

Tafeln I bis V . . . . 92—100

§ 1.
Einfluss des Waldes auf die Luftwarme.

Unter dem Einflusse des Waldes auf das Klima einer Gegend versteht man durch die Bewaldung veranlasste Modifikationen der allgemeinen Temperaturverhältnisse[1]), welch leztere durch die geographische Lage eines Ortes, seine grössere oder geringere Erhebung über die Meeresfläche und seine Exposition, auch durch Lage und Entfernung grösserer Wassermassen oder deren Mangel bedingt sind.

Eine wesentliche Rolle spielt hiebei ferner die Natur der Erdoberfläche. Denn die Wärme der über einem Felde ruhenden Luft rührt weniger von den direkten Sonnenstrahlen — von welchen die Luft nur etwa $\frac{1}{4}$ bis $\frac{1}{3}$ auf deren Wege zur Erde absorbiert — als von den auf den Boden gelangten, durch die Erdoberfläche zurückgeworfenen Wärmestrahlen her, welche im Vergleiche zu jenen als dunkle bezeichnet werden[2]). Ein weiterer Teil der Wärme, welche die Atmosphäre empfängt, entsteht durch Leitung von der erwärmten Bodenoberfläche, indem die mit dem Boden in Berührung kommenden untersten Luftschichten sich erwärmen, infolge dessen sich ausdehnen und erheben, um durch seitlich zuströmende Luft ersezt zu werden (Ebermayer S. 83.).

Die mittlere Jahrestemperatur eines Ortes der Erdoberfläche ist zwar der kürzeste Ausdruck für den Wärmezustand der Luft daselbst. Sie kann jedoch lange nicht zur Karakterisierung des lezteren genügen, da derselbe in den meisten Klimagebieten innerhalb des Jahres beträchtlichen Änderungen unterliegt[3]).

---

1) Vergl. Mayr, Einfluss des Waldes auf Klima und Bodenbeschaffenheit in den Kritischen Blättern, 46. Bd., I. Heft, S. 45.

2) Vergl. Krutzsch's Beobachtungen über die Temperatur der Luft im Walde und ausserhalb desselben. Tharander Jahrbuch, 1859, 13. Bd., S. 258.

3) Vergl. Hann, Lehrbuch der Klimatologie, 1883, S. 10.

Im arithmetischen Mittel der nach verschiedenen Gesezen eintretenden Wärmestadien verschmelzen sich nämlich hohe und tiefe Temperaturgrade zu einer gemässigten Wärme, während in den wenigsten Fällen ihre Wirkungen in gleicher Weise zu einem mittleren Effekte sich vereinigen[1]).

Zum Ausdrucke gelangen die jährlichen periodischen Änderungen in den Monatmitteln, welche in erster Linie jeglicher meteorologischen und klimatologischen Vergleichung zur Unterlage dienen müssen.

Ausserdem bedient man sich der Übersichtlichkeit wegen auch der Temperaturmittel der vier Jahreszeiten, welche bei der Untersuchung der Wärmeverhältnisse (jedoch nur in Bezug auf Orte innerhalb der gemassigten Zonen) namentlich dann einige Vorteile bieten können, wenn es sich um die Berücksichtigung der Verteilung der Luftwärme für das Pflanzenleben handelt, was ja bei der uns vorliegenden Frage der Fall ist.

Bald stellte sich übrigens im Verlaufe meiner Arbeit heraus, dass hinsichtlich der Hauptgesichtspunkte, von welchen aus die klimatischen Eigentümlichkeiten des Waldes beurteilt werden müssen, für unsere süddeutschen Verhältnisse eine Trennung der Jahresperiode in nur zwei Jahreszeiten genügt, und zwar in eine warme, die sieben Monate April bis Oktober umfassende, und eine kalte, die fünf Monate November bis März begreifende Jahreszeit. Jene soll im Gegensaze zu den eigentlichen drei Sommermonaten (Juni, Juli, August) mit „sommers", diese mit „winters" bezeichnet werden. Bei Bildung der Temperaturmittel für die leztgenannte Jahreszeit würde sonach zu den Ergebnissen der drei eigentlichen Wintermonate (Dezember, Januar, Februar) je noch das für den Übergangsmonat zum Frühjahr (März) einer- und zum Herbste (November) andererseits erhobene Resultat hinzuzutreten haben. Selbstverständlich weisen diese beiden Monate nicht durchweg winterliches Verhalten auf, sondern zeigen im einzelnen Falle, wie wir später sehen werden, je nach der Verschiedenheit des Jahrgangs unter Umständen auch die gesezmässigen Sommererscheinungen.

Nach dieser Einteilung sind die in Tafel I enthaltenen Angaben über Monatmittel der Lufttemperatur in Tafel II zusammengestellt worden. Weil aber das thermische Verhalten der Wintermonate im Gegensaze zu den sommerlichen Erscheinungen erhebliche Unregelmässigkeiten erkennen liess, wurden, um zuverlässige Durchschnitts-

---

1) Vergl. Lamont's Darstellung der Temperaturverhältnisse an der Oberfläche der Erde in d. Abhandlungen der math.-physikal. Klasse der k. bair. Akademie der Wissenschaften, 1843, III. Bd., I. Abt., S. 4.

ergebnisse zu erlangen, ausser dem Winter 1883/84 noch die winterlichen Wärmevorgänge der zwei vorhergegangenen Jahrgänge in den Kreis der Untersuchung gezogen.

Ubrigens können daneben die monatlichen und vierteljährlichen Temperaturmittel der zu den verschiedenen Tagesstunden angestellten Beobachtungen nicht entbehrt werden, besonders wenn der Einfluss der Bewaldung auf die täglichen Schwankungen erforscht werden soll. Lezteres darf aber nicht unterbleiben, denn die Verteilung der Wärme auf das ganze Jahr ist das bedeutungsvollste Moment, das bei einem vollständigen Bilde der Einwirkung des Waldes auf die Temperatur nicht fehlen darf, auch wenn unter sonst gleichen klimatischen Verhältnissen die Summe der jährlichen Wärme in einem bewaldeten und einem waldleeren Lande dieselbe sein sollte (vergl. Mayr S. 47), was übrigens nicht der Fall ist (s. S. 46).

Wir werden im folgenden sonach den Thermometerstand jeder einzelnen Beobachtungszeit zu betrachten haben. Leztre ist für St. Johann morgens: 7 Uhr in den Monaten Mai bis September, 9 Uhr für Oktober bis April (mg); nachmittags: 6 Uhr für Mai bis September, 4 Uhr für Oktober bis April (nm).

Im normalen Gange d. h. solange nicht Winde, Regen, Bewölkung u. s. w. unregelmässige Änderungen bedingen, erreicht die Temperatur im Laufe des Tages ihr Minimum um die Zeit des Sonnenaufgangs (mi), ihr Maximum um 2 Uhr nachmittags (ma), im Sommer noch etwas später (Hann a. a. O. S. 13).

Dass diese Wärmevorgänge im Walde sich keinenfalls so glatt wie auf freiem Feld abspielen werden, leuchtet ein. Man darf ja nur an die gründliche Verschiedenheit beider Medien denken, welche in erster Linie darin besteht, dass von einer direkten Insolation des Waldbodens in starkem Masse keine Rede sein kann, weil die Sonnenstrahlen in der Hauptsache auf das Kronendach der Waldbäume fallen. So hat man auch zwischen der Waldtemperatur in der Krone der Stämme und am Fusse derselben, im eigentlichen Waldinnern, zu unterscheiden. Die mannigfachen Abweichungen und Beziehungen dieser beiden Wärmestadien zur Temperatur auf freiem Felde sollen in nachstehenden Kapiteln erörtert werden.

I. Einfluss des Waldes auf die Tagestemperatur der Luft

A. zu verschiedenen Tagesstunden.

(Einfluss des Waldes auf die täglichen Wärmeschwankungen.)

Ein Blick auf die in den beiden Tafeln I und II niedergelegten Monatmittel der Lufttemperatur zeigt, dass leztere bei Tage d. h. von morgens bis abends in einem geschlossenen Hochwaldkomplexe sich nie so hoch erhebt als ausserhalb desselben auf freiem Felde. Dies trifft sowohl bei der Temperatur in Kopfhöhe (d. i. $1\frac{1}{2}$ m vom Erdboden), als auch in der Baumkrone (im St. Johanner Fichtengestäng 12 m über der Bodenoberfläche) zu, hier jedoch in geringerem Mass und mit der Ausnahme, dass im Winter im allgemeinen morgens (dann und wann auch nachmittags) das umgekehrte Verhältnis Plaz greift und die Waldluft in der Baumkrone wärmer ist als die Feldluft. Gründe für diese Erscheinung werden später zu erörtern sein.

Die eben erwähnte Thatsache kommt übrigens auch während der übrigen Jahreszeiten an einzelnen Tagen vor. Es liessen sich aus den St. Johanner Beobachtungsjournalen zahlreiche Fälle von Gleichheit der Temperatur in Wald und Feld z. B. bei starkem, die Luftschichten durcheinander mischenden Wind anführen. Und zwar treten dieselben durchaus nicht regellos ein, sondern sind stets durch ganz bestimmte, im jeweiligen Zustande der Atmosphäre bedingte Voraussezungen veranlasst. Eingehende Besprechung sollen diese Ausnahmeerscheinungen übrigens in dieser Arbeit nicht finden. Es genüge die Anführung der Thatsache ihres Vorkommens [1]. Nachfolgende Zeilen sollen sich vielmehr ausschliesslich mit den Wärmevorgängen befassen, welche monatliche Durchschnittstemperaturen erkennen lassen.

Leztere wurden, um eine unmittelbare Vergleichung mit den auf sechs bairischen S. 33 aufgezählten forstlich-meteorologischen Stationen im Jahr 1868/69 erhobenen Beobachtungsresultaten, welche in dem ebendaselbst zitirten Werke von Ebermayer verarbeitet worden sind, durchführen zu können, nicht für das Kalenderjahr, sondern die Periode 1. März bis ult. Februar untersucht. Auf diese Weise wird bei Bildung der Temperaturmittel für die verschiedenen Jahres-

---

[1] Vergl. Krit. Blätter, 44. Bd., II. Heft, S. 155.

zeiten zur Darstellung der Winterverhältnisse die bei Bearbeitung der meteorologischen Beobachtungen innerhalb eines Kalenderjahrs unvermeidliche Zusammenfassung der Januar- und Februar-Ergebnisse mit denen des durch $^3/_4$ jährigen Zeitraum getrennten Monates Dezember desselben Jahrganges vermieden.

Bezeichnet man entsprechend der im Vorwort ausgesprochenen Absicht die Lufttemperatur des freien Feldes mit Fd, die Waldluft in Kopfhöhe mit Kpf, in der Baumkrone mit Bk und sezt man, anstatt zu sagen: in Kopfhöhe ist die Waldluft kälter als die Feldluft, Kpf < Fd oder statt: die Feldluft ist wärmer als jene, Fd > Kpf, so wird das eingangs erwähnte gegenseitige Verhalten der einzelnen gemessenen Temperaturen durch die Formel veranschaulicht:

$$Kpf < Bk < Fd$$

und diese allgemeine Regel für Sommertage würde besagen:

Die Waldluft ist in Kopfhöhe und in der Baumkrone (hier nicht in so bedeutendem Masse wie dort) kälter als die Luft auf freiem Felde.

Warum unter Holz die Lufttemperatur in Kopfhöhe, d. h. also die Temperatur des Waldinnern, niedriger steht als auf freiem Felde, leuchtet ein. Die Sonnenstrahlen werden in der Baumkrone zum grössten Teil aufgefangen, gelangen somit nur in bescheidener Menge auf den Erdboden. (Dass übrigens thatsächlich auch durch das dichteste Dach eines geschlossenen Waldbestandes Sonnenstrahlen vereinzelt hindurchdringen, lässt sich jederzeit wahrnehmen.) So liegt für den Waldboden, selbst bei Voraussezung gleicher physikalischer Beschaffenheit, die sonst, wenigstens was den nicht durch Streubezug entblössten Waldboden anlangt, in der Regel nicht vorhanden ist, die Unmöglichkeit vor, in demselben Masse wie der unbedeckte Ackerboden sich selbst und die über ihm ruhende Luftsäule zu erwärmen.

Auch dass die Lufttemperatur in der Baumkrone zwischen der Temperatur unten im Waldinnern und auf freiem Felde steht, erklärt sich mühelos. Ein gewisser Bruchteil der zur Wald-Oberfläche gelangenden Wärmestrahlen fällt auf die inneren Äste und Zweigchen, wohl auch die Stämme selbst, wird von ihnen reflektirt und trägt auf diese Weise zur Erwärmung der Luftschichten innerhalb der Baumkrone bei, so dass das Thermometer hier zwar höher als unten in Kopfhöhe über dem Boden, aber nicht so hoch wie im Freien steht, wo beinahe die gesamte Menge der an die Erdoberfläche gesandten Sonnenstrahlen zur Erwärmung der Luft verwendet wird.

Noch haben wir uns Rechenschaft zu geben über das Schicksal

derjenigen Quantität Sonnenstrahlen, welche nicht in oder durch die Baumkrone, sondern auf die Oberfläche der gegen den Himmel gerichteten Gipfel, Zweige und ihrer Blattorgane fällt. Die lezteren absorbieren infolge ihrer dunkeln Farbe diese Art von Wärmestrahlen, deren Wirkung jedoch nicht in einer Temperaturerhöhung besteht. Die Blätter sind immer kälter als die sie umgebende Luft[1]). Es muss also in der Baumkrone ein Wärmeverlust entstehen. Dieser ist bekanntlich die Folge eines mit dem Wachstum der Bäume eng verbundenen Prozesses, der Transpiration. Die aufgenommene Wärme wird durch die Verdunstung der in den Blättern oder Nadeln befindlichen Feuchtigkeit gebunden (latent), geht also für den Zweck der Erwärmung der die Baumkrone umgebenden Luftschichten verloren. Einen indirekten Beweis für die Richtigkeit dieser Annahme liefert die Thatsache dass, sobald die Verdunstung im Winter aufhört oder wenigstens nur sehr schwach vor sich geht, also die Veranlassung zu dem besprochenen Wärmeverluste weggefallen ist, wie wir später sehen werden, in der Baumkrone eine Temperaturerhöhung eintritt, die unter Umständen so stark sein kann, dass, wie eingangs bereits erwähnt, die Waldluft in der Baumkrone morgens wärmer wird als die Luft auf freiem Felde.

Während der Vegetationsperiode dagegen, wo im Wege der Verdunstung zu jeder Tageszeit Wärmeentzug stattfindet, werden die Luftschichten in welche die Baumkrone hineinragt, abgekühlt und verdichtet, müssen also ins Waldinnere herabsinken, wo sie nicht unwesentlich zu der oben schon besprochenen Temperaturerniedrigung beitragen.

Keinenfalls wird die mit einem Wald in Berührung befindliche Luft wie die auf dem Erdboden auflagernde erwärmt, welche Ansicht Th. Hartig ausgesprochen hat[2]), sondern infolge der durch die Blätter erzeugten Verdunstungskälte abgekühlt.

Die Frage nach dem Grade der Verdunstung eines Waldareals im Vergleiche zu einer nicht mit Wald bestockten Fläche ist eigentlich in das Kapitel über die Feuchtigkeit, das hier nicht zur Debatte steht, zu verweisen. Doch wird mit Rücksicht auf das eben Gesagte eine kurze Andeutung der hauptsächlichsten hiebei in Betracht kommenden Gesichtspunkte nicht ungerechtfertigt erscheinen.

Mayr ist der Meinung, die Verdunstungsmenge eines Waldes werde der einer Wasserfläche kaum nachstehen. Allerdings besizt

---

1) Vergl. Krutzsch a. a. O. S. 259.
2) Luft-, Boden- und Pflanzenkunde (Separatausgabe des 1. Bandes eilfter Auflage vom Lehrbuch für Förster), 1877. S. 28.

namentlich die Krone eines Laubbaumes in ihren zum grossen Teil unmittelbarer Insolation ausgesezten Blättern eine grosse Verdunstungsfläche. Nach Th. Hartig's Untersuchungen[1]) aber soll die tägliche Verdunstung durch den Waldbestand während der Vegetationsmonate nur $\frac{1}{4}$ derjenigen von Wasserflächen betragen. Diese Zahl ist auffallend nieder. Hängt doch die Transpiration einer Pflanze sehr wesentlich von der zur Verfügung stehenden Wassermenge ab. Und leztre ist im Waldboden reichlich vorhanden, wo sie infolge der durch die Beschattung erzeugten niedrigeren Temperatur weniger als auf freiem Ackerfelde durch Erhizung verloren gehen kann und sich namentlich in Wäldern, die sich einer guten Humusdecke erfreuen, für lange Zeit aufbewahren lässt. Ausserdem ziehen tiefwurzelnde Bäume ihre Nahrung aus beträchtlichen Bodentiefen, deren Wassergehalt sonst für Verdunstungszwecke keine Verwendung finden würde.

Nur jener Vorgang, nämlich die Aufspeicherung des während der Herbst- und Wintermonate in reichlicher Menge niederfallenden meteorischen Wassers in der Walddecke (Laub und Nadeln, Moos, Humus u. s. w.), kann die Quelle der üppigen Sommervegetation sein, welche man von den an der Westküste des kaspischen Meeres gelegenen Wäldern von Lenkoran rühmt. Es sollen die dortigen Bäume, wie berichtet wird[2]), infolge anhaltender, troz des für diese Jahreszeit nachgewiesenen unbedeutenden Regenfalles herrschender Luftfeuchtigkeit sogar von einer Menge Schlingpflanzen umrankt sein.

Wie gross die **abkühlende Wirkung der Bewaldung** während der einzelnen **Monate** einer Jahresperiode ist, möge aus den Temperaturangaben der Tafeln I und II ersehen werden. Auf die daselbst niedergelegten Ergebnisse gründen sich die Zahlen umstehender Tabelle 1, die den Gang der Erkältung (bezw. Erwärmung), welche die Lufttemperatur im Laufe des Tages innerhalb der verschiedenen Jahreszeiten infolge des Waldeinflusses erleidet, veranschaulicht.

Beigefügt wurden die Erkältungsziffern, welche sich aus Ebermayer's Resultaten ergeben, nach vorgängiger Umwandlung der für die Maxima S. 144 und 145, für zweimal tägliche Beobachtungen S. 95 seines bereits erwähnten Werkes nach Réaumur angegebenen Temperaturunterschiede zwischen Wald und Feld in Celsiusgrade.

---

1) a. a. O. S. 27.
2) Vergl. Woeikof, der Einfluss der Wälder auf das Klima, in Petermann's Mittheilungen 1885. 31. Bd., S. 84.

Tabelle 1.
Unterschiede zwischen der Lufttemperatur im Freien (Fd) und

St. Johann

	bei Tage											im ganzen		
	mg			ma			nm			Mittel				
	Fd >		Diff.	Fd >		Diff.	Fd >		Diff.	Fd >		Diff.	Fd >		Diff.
	Kpf	Bk		Kpf	Bk		Kpf	Bk		Kpf	Bk		Kpf	Bk	
Frühling	0,8	0,4	0,4	2,7	2,1	0,6	1,0	0,7	0,3	**1,5**	**1,0**	**0,5**	1,0	0,5	0,5
Sommer	1,8	1,0	0,8	4,3	2,9	1,4	1,7	1,0	0,7	2,6	1,7	0,9	1,6	0,7	0,9
Herbst	0,6	0,3	0,3	2,9	2,2	0,7	0,4	0,2	0,2	1,3	0,9	0,4	0,9	0,4	0,5
Winter	0,2	−0,3	0,5	**1,5**	**1,0**	**0,5**	0,5	0,2	0,3	0,8	0,3	0,5	0,6	—	0,6
Jahresmittel . .	0,9	0,4	0,5	2,8	2,0	0,8	0,9	0,6	0,3	**1,5**	**1,0**	**0,5**	1,0	0,4	0,6
sommers	1,3	0,7	0,6	3,6	2,5	1,1	1,2	0,8	0,4	2,0	1,3	0,7	1,2	0,5	0,7
winters	0,3	−0,2	0,5	1,8	1,3	0,5	0,6	0,2	0,4	0,9	0,4	0,5	0,6	—	0,6
durchschnittlich .	0,8	0,3	0,5	2,7	1,9	0,8	0,9	0,5	0,4	1,4	0,8	0,6	0,9	0,3	0,6

Tabelle 1 lässt vor allem die Thatsache der Zunahme der erkältenden Wirkung des Waldes mit steigender Temperatur erkennen. Daher gilt die oben aufgestellte

1.) Regel für Sommertage: Kpf < Bk < Fd

jahraus jahrein

a) zur Zeit des höchsten Thermometerstandes

und zwar nach zweierlei Richtungen:

α) Innerhalb der täglichen Periode

ist der Temperaturunterschied zwischen Feld- und Waldluft zur Zeit der Wärmemaxima (ma) am grössten.

Durchschnittlich ist $\frac{\text{Kpf} < \text{Fd}}{\text{Bk} < \text{Fd}}$ um $\frac{2{,}7°}{1{,}9°}$, welche Differenz der $\frac{\text{dreifachen}}{\text{vierfachen}}$ Abkühlung zur übrigen Tageszeit gleichkommt, wie sie aus der Morgen- und Abendbeobachtung hervorgeht und sich auf (Rubr. „mg—nm") $\frac{0{,}9°}{0{,}5°}$ beziffert.

im Wald in Kopfhöhe (Kpf) und in der Baumkrone (Bk).

mi — ma			mg — nm			Baiern bei Tage				Bemerkungen
						ma	mg — nm			
Fd > Kpf	Bk	Diff.	Fd > Kpf	Bk	Diff.	Fd > Kpf	Fd > Kpf	Bk	Diff.	
1,2	0,5	0,7	0,9	0,5	0,4	1,6	1,3	0,4	0,9	1. Diese Tabelle zeigt an, um wieviel Grade die Feldluft wärmer (+) oder kälter (—) ist als die Waldluft in Kopfhöhe (Fd > Kpf) und in der Baumkrone (Fd > Bk), drückt mithin den absoluten Einfluss des Waldes auf die Tagestemperatur aus.
1,4	0,3	1,1	1,7	1,0	0,7	4,0	2,0	1,1	0,9	
1,2	0,5	0,7	0,5	0,2	0,3	1,5	0,7	0,3	0,4	
0,8	0,1	0,7	0,4	—	0,4	0,7	0,5	—	0,5	
1,1	0,3	0,8	0,9	0,5	0,4	1,9	1,1	0,4	0,7	2. Die Zahlen in der Rubrik „Differenz" zeigen an, um wieviel Grade die Waldluft in Kopfhöhe kälter ist als in der Baumkrone (Kpf < Bk).

Der Wald übt sonach auf die Abstumpfung der höchsten Temperaturextreme, wie Ebermayer (a. a. O. S. 113) sagt, einen sehr bedeutenden Einfluss aus. Die täglichen Wärmeschwankungen werden dort nie so stark wie auf freiem Felde.

Mit vollkommenem Rechte wird die Verödung früher fruchtbarer Länder wie z. B. der Azoren, kanarischen Inseln u. s. w. zu einem guten Teile der Entwaldung und der durch leztere unmöglich gewordenen wohlthätigen Abschwächung der höchsten Wärmegrade zugeschrieben. Man muss sich jedoch bei derartigen Kalamitäten vor Verallgemeinerung an einzelnen Örtlichkeiten gewonnener Erfahrungen namentlich dann hüten, wenn die angedeuteten Vorkommnisse sich wie in obigem Fall in unter den Tropen liegenden Länderstrichen abgespielt haben, die ganz andere klimatische Verhältnisse als unsere gemässigte Zone aufweisen.

Analog den Erscheinungen während des täglichen Wärmeganges macht sich, will man die Durchschnittstemperaturen der vier Jahreszeiten ins Auge fassen,

β) innerhalb der jährlichen Periode

der abkühlende Einfluss des Waldes im Sommer und innerhalb dieser wärmsten Jahreszeit natürlicherweise auch im heissesten Monat am stärksten geltend.

Es ist $\dfrac{\mathrm{Kpf} < \mathrm{Fd}}{\mathrm{Bk} < \mathrm{Fd}}$

im Monat Juli . . . . um $\dfrac{4{,}7°}{3{,}1°}$

in den drei Sommermonaten. . . „ $\dfrac{4{,}3°}{2{,}9°}$ (4,0° n. Ebermayer)

im Frühjahr und Herbst durchschn. „ $\dfrac{2{,}8°}{2{,}1°}$ (1,5°   desgl.   )

Der Temperaturunterschied beträgt somit dort das dreifache (bei Ebermayer das sechsfache), hier wie bei Ebermayer annähernd das doppelte der Winterdifferenz, welche sich auf $\dfrac{1{,}5°\ (0{,}7°)}{1{,}0°}$ beziffert, bei Ebermayer also nur halb so gross als in St. Johann ist, welcher Umstand teilweise damit zusammenhängen dürfte, dass in Baiern die höchsten und niedersten Temperaturen nicht wie bei uns mittelst Maximum- und Minimumthermometer, sondern am Thermometrograph beobachtet sind.

Die Thatsache der Giltigkeit des Sommergesezes $\mathrm{Kpf} < \mathrm{Bk} < \mathrm{Fd}$ im Winter könnte auffallen. Wird man doch zu der Annahme geneigt sein, für diese Jahreszeit liegen die Verdunstungsverhältnisse und andere mit den Wärmevorgängen in der Atmosphäre zusammenhängende Umstände physiologischer Natur anders als während der Vegetationsperiode. Dem ist aber bis zu einem gewissen Grade nicht so, wenigstens nicht zur Zeit des höchsten täglichen Thermometerstandes.

Die Transpiration erlischt nämlich selbst in einem kalten Winter nie gänzlich[1]), während Mayr der offenbar irrigen Ansicht ist (a. a. O. S. 49), die Wärmeabsorption durch Verdunstung höre im Winter fast gänzlich auf. Es ist zwar nach von Höhnel's Untersuchungen[2]) die Transpirationsgrösse der das ganze Jahr hindurch belaubten Koniferen im Durchschnitte (auf das Laubtrockengewicht bezogen) 10 mal geringer als die der Laubhölzer, welch grosser Unterschied allerdings einigermassen sich mindert, wenn man nur den Sommer in Betracht zieht.

Im Winter dagegen vermögen die Nadelhölzer mehr als die

---

1) Vergl. Pfeffer, Pflanzenphysiologie, 1881. I. Bd. S. 152.

2) Über die Transpirationsgrössen der forstlichen Holzgewächse u. s. w. in von Seckendorff's Mitteilungen aus dem forstlichen Versuchswesen Östreichs, 1879. II. Bd. I. Heft S. 90.

Laubbäume zu dünsten[1]). Will doch Th. Hartig sogar beobachtet haben[2]), dass in dem allerdings aussergewöhnlich milden Winter 1859/60 eine junge Fichte nicht merklich geringere Wassermengen ausgehaucht habe, als im darauf folgenden Frühjahr eine treibende Fichte gleicher Grösse.

Aus den angeführten Beobachtungen lässt sich mit annähernder Sicherheit der Schluss ziehen, es werde zur Zeit des höchsten täglichen Thermometerstandes in einem Fichtenstangenholz — und unsere Waldstation ist in einem solchen untergebracht — zweifellos Transpiration stattfinden, möge sie nun mehr oder weniger intensiv vor sich gehen. Keinenfalls lässt sich unter diesen Umständen gegenüber der offenkundigen Thatsache (Kpf < Bk < Fd), dass die Lufttemperaturen im Freien, im Waldinnern und in der Baumkrone in ihren wechselseitigen Beziehungen während der Wintermonate zur Zeit des täglichen Maximum nur quantitativ, nicht auch qualitativ anders als im Sommer sich verhalten, der an sich denkbare Einwand vorbringen, die Verdunstung sei um die genannte Stunde aus physiologischen oder sonstigen Gründen unmöglich. Auf der anderen Seite spricht der Umstand, dass an Wintermorgen wo die Transpiration, wenn überhaupt, am allerschwächsten vor sich geht, also keine nennenswerte Wärmeabsorption stattfindet, die Temperatur der Waldluft in der Baumkrone höher steht als die der Feldluft, entschieden für Annahme nicht unerheblicher Dünstungsthätigkeit der Koniferen bei höheren Temperaturen zur Zeit der Winterruhe.

Ausser für den täglichen Maximalthermometerstand, welcher, wie wir soeben gesehen haben, der für Sommertage aufgestellten Regel auch winters ausnahmslos unterliegt, tritt

$$Kpf < Bk < Fd$$

ein:

b) sommers den ganzen Tag über,

d. h. in den Monaten April bis Oktober je einschliesslich ohne Unterbrechung von morgens bis abends, weil um diese Zeit der Hauptvegetationsthätigkeit die Transpiration wohl niemals am Tage pausiert.

Es ist laut Tabelle 1:

$$\frac{Kpf < Fd}{Bk < Fd} \text{ morgens um } \frac{1{,}3°}{0{,}7°}, \text{ nachmittags um } \frac{1{,}2°}{0{,}8°}.$$

---

1) Ebendaselbst III. Heft, S. 294.
2) Botanische Zeitung, 19. Jahrgang, 1861. S. 20 (zitirt nach Nördlinger's Deutscher Forstbotanik, 1874. I. Bd. S. 47.)

Ein erheblicher Unterschied zwischen dem Vormittags- und Nachmittagsverhalten lässt sich nicht erkennen.

Selbstverständlich steigern sich auch obige Differenzen mit zunehmender Temperatur. Sie betragen im Durchschnitte der Morgen- und Abendbeobachtung für die eigentlichen Sommermonate $\frac{1{,}7°}{1{,}0°}$, also etwas mehr als im mittleren Verlaufe des sommerlichen Wärmeganges von April bis Oktober. Ferner

c) winters,

nämlich in den Monaten November bis März je einschliesslich,

α) nachmittags regelmässig.

Dass das in Rede stehende Gesez auch in den Wintermonaten zur Zeit des höchsten täglichen Thermometerstandes wie sommers gelte, ist oben bereits unter a. β erläutert worden.

Dasselbe dauert aber nachher, wie aus den Angaben der Tabelle 1 ersichtlich, noch im allgemeinen bis zum Abend fort, was nicht wundernehmen kann. Der Ausdruck: $Kpf < Bk < Fd$ entspricht ja dem normalen Verhältnisse zwischen den drei Wärmearten und wie oben schon einmal hervorgehoben werden musste, haben wir uns einfach vorzustellen, dass die thermischen Beziehungen zwischen Fd, Bk u. Kpf solange Verdunstungsmöglichkeit vorliegt, welche an Winternachmittagen bei höherer Temperatur zweifellos gegeben ist, nur quantitativ sich ändern. In der That betragen die Temperaturunterschiede zwischen Wald und Feld für $\frac{\text{das Waldinnere}}{\text{die Baumkrone}}$ in diesem Falle $\frac{0{,}6°}{0{,}2°}$, also nur den $\frac{\text{dritten}}{\text{sechsten}}$ Teil der zur Zeit des täglichen Maximum konstatirten Differenz, welch leztere winters $\frac{1{,}8°}{1{,}3°}$ ausmacht.

Ausnahmen: Die sechs unter 2. b demnächst aufzuführenden Monate.

β) morgens ausnahmsweise.

Wie aus Tafel II hervorgeht, war
$$Bk < Fd$$
am Morgen folgender Wintermonate:

November 1882 um 0,4°
„ 1883 „ 0,2°
März 1884 „ 0,5°

durchschnittlich um 0,4°

In allen drei Fällen stand die Temperatur schon morgens durchaus mehrere Grade über Null, somit lag die Voraussezung der Sommerregel vor, indem Transpiration stattfinden konnte.

Dass leztre auch die Ursache, warum im März 1883 morgens Bk < Fd um 0,6° gewesen, trozdem die Temperatur infolge Kälterückschlags negativ geworden war, geht aus der Thatsache der Gleichheit von Kpf u. Bk, die sonst nie vorkommt, hervor. Zweifellos wurde die Wärme, welche der Baumkrone in grösserer Menge zugeführt wird als dem Waldinnern, zu Zwecken der Verdunstung verwendet.

Wie ein Blick auf Tabelle 1, wo stets Kpf < Fd ist, zeigt, findet eine erkältende Wirkung des Waldes auf die Lufttemperatur in Kopfhöhe wie sommers so auch winters statt.

Anders in der Baumkrone!

Hier ist die Waldluft morgens wärmer als die Feldluft. In der als allgemeines Gesez für Sommertage aufgestellten Formel tauschen sonach Bk u. Fd ihre Rollen und man erhält als

2.) Regel für Wintermorgen: $Kpf < Fd < Bk$.

Dieselbe besagt:

Wie sommers und an Winternachmittagen ist die Waldluft in Kopfhöhe am kältesten, am wärmsten in der Baumkrone und nicht wie dort auf freiem Felde, dessen Temperatur Fd nunmehr zwischen Kpf u. Bk steht, und gilt:

a). morgens regelmässig.

Es lassen sich für diese Thatsache verschiedene Erklärungsgründe aufstellen.

(1.) Einmal findet die im Winter überhaupt reduzirte Transpiration morgens, wo die Luftwärme am geringsten ist, entweder gar nicht oder jedenfalls nur in ausserordentlich schwachem Grade statt, besonders wenn die Temperatur unter den Nullpunkt gesunken sein sollte. Denn jezt wird die der Baumkrone zugeführte Wärme nicht zu Verdunstungszwecken verbraucht, sondern findet zur Erwärmung der Luft Verwendung, indem die Wärmestrahlen von den Zweigen und Ästchen, auch den Gehäusen, in welchen sich die Instrumente befinden — leztere selbst sind instruktionsmässig gegen direkt auffallende Sonnenstrahlen wie gegen Regen und Schnee geschüzt — reflektirt werden.

(2.) Diese Erhöhung der Temperatur in der Baumkrone wird ferner durch den Umstand unterstüzt, dass die Bäume des Waldes von der Morgensonne in ihren Gipfeln, die in unserem Falle ungefähr 15 m über dem Erdboden sich befinden, früher getroffen werden als die Bodenoberfläche des Ackerfeldes, zumal in St. Johann, wo die Waldstation um allerdings nur ganz wenige m höher als die Freistation liegt. Man wird mir entgegnen, das Feld ruhe auch sommers noch im Schatten, wann die ersten Sonnenstrahlen auf die Waldoberfläche gelangen, ohne dass die Morgenbeobachtung um diese Jahreszeit ein Wärmersein der Waldluft in der Baumkrone gegenüber der Luft auf freiem Feld erkennen lasse. Die Antwort hierauf sei der Hinweis auf die mehrfach erwähnte Wärmeabsorption zu Transpirationszwecken, sowie den höheren Sonnenstand während der Sommermonate, der die Veranlassung ist, dass die Wärmestrahlen mit Sonnenaufgang nur für kurze Zeit schräge, bald aber senkrecht oder jedenfalls steiler auf die Erde fallen als im Winter, wo die Sonne den ganzen Tag schief steht. Dies offenbar die Gründe, warum unser Tagesgesez $Kpf < Bk < Fd$ sommers auch schon morgens 7 Uhr, im Winter in der Regel morgens 9 Uhr noch nicht, sondern erst zur Zeit des täglichen Maximum gilt.

(3.) Drittens ist daran zu erinnern, dass, sofern Schnee liegt, **die dunkeln Fichtenzweige sich rascher erwärmen** müssen, **als die schneebedeckte Feldoberfläche**, namentlich wenn etwa der Wind den Schnee von jenen abgeschüttelt haben sollte. Hier dürfte ferner erwähnt werden, dass die Strahlen der Wintersonne in ihrer Wirkung auf die Erwärmung der Baumkrone nicht in demselben hohen Mass abgeschwächt werden, wie wenn sie schief auf die Erdoberfläche gelangen, und zwar weil sie zur Richtung der Stammesaxe und damit der Hauptausdehnung der Baumkrone eher lotrecht einfallen.

(4.) Endlich könnte man an die Vorschrift der Instruktion denken, deren Abschn. V in Bezug auf die Reihenfolge der anzustellenden Beobachtungen bestimmt, dass die Ablesungen in der Baumkrone zulezt stattfinden sollen. Es verstreicht nämlich, wie dies bei der grossen Anzahl von Instrumenten, an denen Beobachtungen zu machen sind, nicht anders sein kann, von der ersten Notirung auf der Feldstation bis zum Beginne der Ablesung an den in der Baumkrone angebrachten Thermometern nach genauen Aufschrieben beiläufig $^1/_2$ Stunde, so dass die hier festgestellte Temperaturerhöhung dann und wann wohl der aus diesem Grunde veranlassten längeren Dauer der Insolation in den Baumgipfeln zuzuschreiben sein wird, besonders wenn einmal zufällig zwischen hinein ein grösserer Aufenthalt notwendig geworden ist,

z. B. die Musselinumhüllung am Psychrometer eingefroren war und zuvor angefeuchtet werden musste. Die Regel kann aber auch diese Entstehungsursache nicht bilden. Denn sommers, wo man doch wie gesagt einen solchen Fall nie beobachtet, wird in der Baumkrone ebenfalls zum Schluss abgelesen.

Somit bleibt als übrigens vollständig befriedigende Erklärung nur der in Ziff. 1 erwähnte **Mangel der Transpiration an Wintermorgen**.

Für die Richtigkeit dieser Hypothese möchte ich auch nachstehende direkte Beweise vorbringen.

Gewöhnlich halten sich die positiven Morgen- und die negativen Abendtemperaturunterschiede zwischen Bk u. Fd nicht weit auseinander. Im Durchschnitte der drei Winter 1881/84 war morgens Bk > Fd, nachmittags Bk < Fd (vergl. oben 1. c. α.) je um 0,2°.

Wenn aber bei vormittags zu beobachtendem negativen Thermometerstande, welcher der Transpiration in keinerlei Weise Vorschub leistet, die an sich zwar unbedeutende Insolation ohne Wärmeabsorption ausschliesslich auf die Erhöhung der Luftwärme in der Baumkrone hinarbeitet, beträgt die vormittägliche Plusdifferenz unter Umständen ein vielfaches des nachmittäglichen Minusunterschiedes, welcher, wie wir früher gesehen haben, durch wenn auch bescheidene Verdunstung infolge des um diese Tageszeit in der Regel immer etwas höheren Thermometerstandes veranlasst ist. Dies war in hohem Grad im Februar 1882 der Fall, wo Bk > Fd morgens 0,8, also 4 mal so gross war als Bk < Fd nachmittags (0,2°).

Kleiner sind die fraglichen Morgendifferenzen bei höherer Luftwärme, welche den Eintritt der Verdunstung im Nadelwalde schon früh 9 Uhr ermöglicht. Beziffert sich erstere auf mehrere Grade über dem Gefrierpunkte, so kann infolge Zunahme der lezteren sogar Bk < Fd sein (vgl. oben Ziff. 1. c. β).

Der andere Bestandteil unseres für Wintermorgen aufgestellten Gesezes: Kpf < Fd < Bk, der das Verhalten zwischen Kpf und Fd ausdrückt, ist bereits flüchtig am Schlusse des eben erwähnten Abschnittes berührt werden. Eine Erkältung der Luft des Waldinnern findet auch winters den ganzen Tag über statt: Kpf < Fd beträgt 0,3° morgens, also nur die Hälfte der Nachmittagsdifferenz, was als Nachwirkung der unter II zu besprechenden, mit Sonnenaufgang zu Ende gehenden nächtlichen Wirksamkeit des Waldes zu betrachten ist. Leztere besteht darin, dass die Waldluft sich nicht so stark abkühlt wie die Luft im Freien. Allgemein sind die **Temperaturunterschiede der Winterluft in Wald und Feld zur Zeit der Vegetationsruhe viel unbedeutender** als anderwärts.

Wenn aber Kpf < Bk (Rubrik „Differenz" von Tabelle 1) in dieser Jahreszeit sich auffallend steigert und so gross ist wie zur Zeit des täglichen Maximum (0,5°), wodurch die Sommerformel Kpf < Bk < Fd veranlasst wird, sich in die Winterformel Kpf < Fd < Bk zu verwandeln, so trägt hieran, um dies nochmals hervorzuheben, die Wärmezufuhr in Bk die Schuld, welche einzig und allein der Sistirung der Verdunstung ihre Möglichkeit zu verdanken hat.

Ausnahmen.

Nur mit Modifikationen gilt das Gesez Kpf < Fd < Bk an folgenden Wintermorgen:

1.) **März 1882: Kpf < Fd = Bk.**

Dieser Fall hält die Mitte zwischen den durch die beiden Regeln für Wintermorgen und Sommertage gekennzeichneten Vorkommnissen.

Zwar fand um diese Jahres- und Tageszeit sicher bereits Transpiration statt, denn die Temperatur in Bk und Fd betrug 5,0°, so dass ein Erwachen der Vegetation zweifellos als eingetreten anzusehen ist. Wenn trozdem die Feldluft nur ebenso hoch (und nicht höher) temperirt war, ist dieser Vorgang dem Umstande zuzuschreiben, dass infolge der nächtlichen Ausstrahlung, wie wir später sehen werden, die Temperatur auf freiem Felde nachts (— 1,4°) viel tiefer sinkt als in der Baumkrone (1,3°), infolge welchen Vorkommnisses Fd erst morgens 9 Uhr Bk zu erreichen im Stande war.

Dieselbe Ursache muss auch den beiden andern Ausnahmefällen zu Grunde gelegen haben:

2.) **Dezember 1881: Kpf = Fd < Bk.**

Bk verhielt sich entsprechend unserer für die Wärmeverhältnisse an Wintermorgen konstruirten Regel, d. h. war > Kpf und Fd. Dagegen bekundet sich in Kopfhöhe Temperaturgleichheit für Wald und Feld. Es konnte Fd nach starkem nächtlichen Miminum (— 4,4° gegen — 3,6° bei Kpf) wie Bk bei Ziff. 1, so Kpf hier erst um die genannte Tagesstunde einholen.

3.) **Januar 1882: Fd < Kpf < Bk.**

Beträgt die mi-Differenz zwischen Kpf und Fd noch mehr als in eben besprochenem Falle, wo sie sich auf 0,8° beläuft, nämlich das doppelte (1,6°), wie im Januar 1882, wo das Thermometer auf freiem Felde bis — 5,8°, im Waldinnern nur auf — 4,2° sank, so kann sogar das Ereignis eintreten, dass Fd morgens 9 Uhr Kpf noch nicht eingeholt hat, also nicht einmal Temperaturgleichheit eintritt, sondern die Modifikation

$$Fd < Kpf < Bk$$

zur Geltung gelangt.

Gar nicht gilt das Gesez für Wintermorgen in den oben unter 1. c. β aufgeführten Monaten, dagegen

b) nachmittags ausnahmsweise

in den sechs nachfolgend aufgezählten Fällen, welche, wie bereits oben bei 1. c. α erwähnt, Ausnahmen von der auch an Winternachmittagen für gewöhnlich geltenden Sommerregel bilden.

Wie aus Tafel II hervorgeht, war Bk > Fd nachmittags im:

November 1881 und 1883	je um	0,1°
Dezember 1881	„	0,6°
„ 1883	„	0,1°
Januar 1882	„	0,3°
„ 1883	„	0,1°
durchschnittlich um		0,2°

welcher Temperaturunterschied numerisch genau der oben als Regel für Winternachmittage im Mittel der drei Winter 1881/84 festgestellten Differenz Bk < Fd gleichkommt.

Für obige Ausnahmeerscheinungen lassen sich zweierlei Entstehungsursachen anführen:

1.) vor allem wieder die oben unter Ziff. 2. a mit ihren winterlichen Modifikationen eingehend besprochene Transpiration, welche an Winternachmittagen zwar überhaupt statthat, aber nicht in belangreichem Umfange zur Erscheinung kommt, so dass nebenher eine Erhöhung der Lufttemperatur in der Baumkrone ab und zu sich vollziehen kann, wie zweifellos in den drei oben genannten Fällen, wo das Thermometer mehrere Grad über Null stand: November 1881 und 1883, Januar 1882.

Gänzlicher Mangel an Transpiration wird wohl im Dezember und Januar 1883 bei negativem Thermometerstand, also beschränkter Wirkung der Insolation, die Temperaturerhöhung in Bk veranlasst haben.

2.) Für den Monat Dezember 1881, wo die Plusdifferenz in der Baumkrone gegenüber vom freien Felde dreimal so stark war als sonst durchschnittlich, haben wir den Grund hiefür nicht etwa in intermittirender Verdunstung zu suchen (die allerdings bei 0,2° kaum sehr intensiv vor sich gegangen sein wird), sondern in der Wirkung einer schon nachmittags sich äussernden starken Abkühlung des freien Ackerfeldes, der Vorläuferin hochgradiger nächtlicher Wärmeausstrahlung des Fd, welch leztere die Schuld trägt, dass morgens in diesem Monate (vergl. Ziff. a. 2) Temperaturgleichheit zwischen Fd und Kpf geherrscht hat.

So kommt es, dass Fd nachmittags schon sogar um 0,2° < Kpf sich darstellt und anstatt der Beziehung Kpf < Fd < Bk die oben unter a. 3 für Januar 1882 festgestellte Formel
$$Fd < Kpf < Bk$$
gilt.

B. Einfluss des Waldes auf die eigentliche Tagestemperatur der Luft.

(Rubrik „Mittel" von Tabelle 1.)

Unter Zugrundelegung der durchschnittlichen, aus der mg, ma- und nm-Beobachtung berechneten Temperatur bei Tage folgt: $\frac{Kpf < Fd}{Bk < Fd}$ sommers um $\frac{2,0°}{1,3°}$, winters um $\frac{0,9°}{0,4°}$ d. h. die tägliche Abkühlung der Lufttemperatur durch die Bewaldung beträgt dort $\frac{\text{in Kopfhöhe das doppelte}}{\text{in der Baumkrone das 3fache}}$ der winterlichen Abkühlung.

Oft glaubt man zwar an Wintertagen mit strengem Luftzuge beim Eintritte vom Freien in den Wald die Empfindung behaglicher Wärme zu verspüren. Dies ist aber wohl meist Sinnestäuschung. Sehr oft wenigstens kann die scheinbar höhere Temperatur nur Folge sein des Gefühles von grösserer Wärme, das wir haben, weil der Wald den rauhen, die Ausdünstung unserer Haut fördernden Wind abhält[1]).

Aus den Tafeln I und II lässt sich eine Folgerung ableiten, welche für die Einrichtung des meteorologischen Observationsdienstes der Zukunft von hoher Bedeutung zu werden verspricht, die

Ueberflüssigkeit der Nachmittagsbeobachtung.

Es handelt sich, wie ich früher bereits erwähnt habe, bei den für forstliche Zwecke vorzunehmenden klimatologischen Erhebungen nur darum, die Modifikationen der Lufttemperatur u. s. w. kennen zu lernen, wie sie seitens der durch den Wald dargestellten Bodendecke veranlasst werden, und nicht um wahre, erst durch eine lange Reihe von Jahren zu beobachtende Mittelwerte, deren absolute Grössen festgestellt werden sollen, wie dies die Zwecke und Ziele der allgemeinen Meteorologie erfordern.

Man wird nun ersehen, dass die eigentlichen Tagestempe-

---

1) Vergl. Mayr a. a. O. S. 48.

raturen (mg, ma, nm) der St. Johanner Monatmittel beinahe vollständig mit den arithmetischen Durchschnitten der mg- u. ma-Beobachtung übereinstimmen. Nachfolgende Tabelle 2 zeigt, inwieweit innerhalb der verschiedenen Jahreszeiten die monatlichen Werte jener mit den Zahlengrössen dieser Temperaturart harmoniren.

Tabelle 2.

Monatmittel der Tagestemperatur mit und ohne Berücksichtigung der Abendbeobachtung

	im Freien (Fd)				im Walde						
					in Kopfhöhe (Kpf)				in d. Baumkrone (Bk)		
	mg-ma	mg-ma-nm	Differenz		mg-ma	mg-ma-nm	Differenz		mg-ma	mg-ma-nm	Differenz	
			abs.	pzt.			abs.	pzt.			abs.	pzt.
Frühling . . .	7,3	7,2	0,1	1	5,6	5,7	−0,1	2	6,0	6,2	−0,2	3
Sommer . . .	17,3	16,9	0,4	2	14,2	14,3	−0,1	1	15,3	15,2	0,1	1
Herbst	8,8	8,4	0,4	5	7,1	7,1	—	—	7,6	7,5	0,1	1
Winter	1,4	1,5	−0,1	7	0,6	0,7	−0,1	14	1,1	1,2	−0,1	8
Jahresmittel . .	8,7	8,5	0,2	2	6,9	7,0	−0,1	1	7,5	7,5	—	—
sommers . . .	13,8	13,5	0,3	2	11,4	11,5	−0,1	1	12,2	12,2	—	—
winters	2,7	2,7	—	—	1,6	1,8	−0,2	11	2,2	2,3	−0,1	4
durchschnittlich .	8,3	8,1	0,2	2	6,5	6,6	−0,1	2	7,2	7,3	−0,1	1

Bemerkungen. 1. Die Zahlen in der Rubrik „Differenz" zeigen an, um wieviel Grade die (mit Vernachlässigung des nm-Resultats aus der mg- u. ma-Beobachtung abgeleitete tägliche Durchschnittstemperatur absolut und prozentisch höher (+) oder tiefer (−) ist als das eigentliche Tagesmittel (mg, ma, nm).

2. Das prozentische Verhältnis der Abweichungen der Durchschnitts- von der eigentlichen Tagestemperatur ist mit Annahme der lezteren = 100 berechnet.

Lässt man die Abendbeobachtung bei Seite, so erscheint die Luft auf freiem Feld im Sommer und Herbst allerdings um 0,4° zu hoch, während für die Waldluft dieser Unterschied höchstens die Hälfte nach der positiven oder negativen Richtung beträgt.

Durchschnittlich wird $\begin{Bmatrix} \text{Fd} \\ \text{Kpf} \\ \text{Bk} \end{Bmatrix}$ sommers $\begin{Bmatrix} \text{um } 0{,}3° \text{ zu gross} \\ \text{„ } 0{,}1° \text{ „ klein} \\ \text{gleich gross} \end{Bmatrix}$,

winters $\begin{Bmatrix} \text{gleich gross} \\ \text{um } 0{,}2° \text{ zu klein} \\ \text{„ } 0{,}1° \text{ desgl.} \end{Bmatrix}$, im Mittel des ganzen Jahres um $\begin{Bmatrix} 0{,}2° \text{ zu gross} \\ 0{,}1° \text{ zu klein} \\ \text{desgl.} \end{Bmatrix}$.

Die Temperatur der Feldluft wird also etwas zu hoch werden, weil in diesem Falle der ma-Thermometerstand zu voll ins Gewicht fällt, während er im eigentlichen Tagesmittel durch die niedrigere nm-Beobachtung abgeschwächt wird.

Umgekehrt muss die Waldluft etwas zu kalt ausfallen wegen der bedeutenden Abschwächung, welche die ma-Temperatur durch den Einfluss der Bewaldung erleidet.

Trozdem erfahren die Wärmeunterschiede zwischen der Feld- und Waldluft keineswegs sehr beträchtliche Veränderungen, wenn sie auch durchweg aus den eben angeführten Gründen etwas zu gross sein werden. Nachstehende Tabelle 3 gibt über die Höhe dieser Differenz erwünschten Aufschluss.

Tabelle 3.

Unterschiede zwischen der Tagestemperatur im Freien und im Walde mit und ohne Berücksichtigung der Abendbeobachtung

	Frühling		Sommer		Herbst		Winter		Jahresmittel		sommers		winters		durchschnittl.	
	abs.	pzt.	abs.	pzt.	abs.	pzt.	abs.	pzt.	abs.	pzt.	abs.	pzt.	abs.	pzt.	abs.	pzt.
mg-ma . . .	1,7	23	3,1	18	1,7	19	0,8	57	1,8	21	2,4	17	1,1	41	1,8	22
mg-ma-nm .	1,5	21	2,6	15	1,3	16	0,8	53	1,5	18	2,0	15	0,9	33	1,5	19
Differenz . .	0,2	2	0,5	3	0,4	3	—	4	0,3	3	0,4	2	0,2	8	0,3	3

Bemerkungen. 1. Die Zahlen in der Rubrik „Differenz" zeigen an, um wie viel Grade der Temperaturunterschied zwischen Wald- und Feldluft (Kpf < Fd) bei Vernachlässigung des Resultates der nm-Beobachtung absolut und prozentisch grösser wird als unter Zugrundelegung des eigentlichen Tagesmittels (mg, ma, nm).

2. Bei Berechnung des prozentischen Verhältnisses, um welches die Waldluft in Kopfhöhe kälter ist als die Feldluft, ist die Temperatur der lezteren zu 100 angenommen.

Erheblich ist der Unterschied nach obigen Zahlen überhaupt nur in den eigentlichen Sommermonaten, wo die Abkühlung, welche die Waldluft erleidet, bei Vernachlässigung der Nachmittagsbeobachtung 0,5° (3 Pzt.) mehr beträgt, als das eigentliche Tagesmittel erkennen lässt, während er im Winter vollständig verschwindet.

Bei Unterscheidung von nur zwei Jahreszeiten beziffert sich derselbe:

sommers . . . auf 0,4° (2 Pzt.)
winters . . . . „ 0,2° (8 „)
im ganzen Jahr . „ 0,3° (3 „),

Beträge, welche sicherlich in keinerlei Weise belangreich genannt werden dürfen.

Man kann einwenden, dass wenn man nachmittags keinen Thermometerstand abliest und bloss den Temperaturunterschied, wie er sich aus der mg- und ma-Beobachtung ergibt, für die gesamte Tageswirkung ansieht, nach dem Gesagten der erkältende Einfluss des Waldes gerade während einer Jahreszeit, wo er schon vorher am intensivsten sich abspielt, noch zu schärferem Ausdrucke gelange. Diesem Einwande gegenüber liesse sich vielleicht der Vorschlag machen, auf Grund obigen Ergebnisses in Anwendung der Methode der Nichtberücksichtigung bezw. Unterlassung der Nachmittagsbeobachtung bei Ermittlung des absoluten Einflusses des Waldes auf die Lufttemperatur im Sommer eine Korrektion von — 0,5° anzubringen. Für die übrigen Jahreszeiten erschiene eine solche mit Rücksicht auf die oben nachgewiesene Geringfügigkeit der Abweichungen vollständig unnötig.

Auf der andern Seite erweist sich Unterlassung der Berichtigung der Sommerresultate ebenfalls gänzlich unbedenklich bei Beachtung des Momentes, dass die Temperaturunterschiede jedenfalls nie zu nieder, sondern stets zu hoch ausfallen würden, eine daraus abgeleitete unter Umständen etwas gesteigerte Wertschätzung des Waldes in Beziehung auf Milderung der höchsten Wärmegrade jedoch in keinerlei Weise von schlimmen Folgen begleitet sein kann.

Wenn ich sonach zu dem Antrage komme, auf den rein zu forstlichen Zwecken eingerichteten meteorologischen Stationen die Nachmittagsbeobachtung eingehen zu lassen — welcher Massregel für die württembergische Station gestüzt auf obige Auseinandersezungen mit gutem Grunde das Wort zu reden ich nicht anstehe —, so geschieht dies selbstverständlich allein in der Voraussetzung, die endliche Bearbeitung des umfangreichen, in den lezten Jahren gewonnenen meteorologischen Zahlenmaterials werde Ergebnisse liefern, welche die Geringfügigkeit der durch Befolgung dieser Aufforderung entstehenden Abweichungen von dem wahren klimatischen Tageseinflusse des Waldes bestätigen.

Was weiter für die Unterlassung derselben spricht, ist der Umstand, dass für Ermittelung der Bodentemperatur, welche bislang wie die Luftwärme durch täglich zweimalige Notirungen erhoben worden ist, nur einmal am Tage vorgenommene Messungen umso vollständiger ausreichen, als die täglichen Wärmeschwankungen, wie wir später sehen werden, schon $1\frac{1}{2}$ dm unter der Erdoberfläche fast gänzlich verschwinden. In grösserer Tiefe steht also das Thermometer morgens und abends gleich hoch, und in bemerkenswerter Art äussern sich die Schwankungen nur im Winter an der Oberfläche selbst nach der einen Richtung, dass der Waldboden, so lange er gefroren bleibt, wärmer ist als das unbedeckte Ackerfeld, kälter dagegen, wenn dieses unter Umständen infolge stärkerer Mittagsinsolation auftaut.

Endlich möchte ich die erhebliche, bei Wegfall der Abendbeobachtung auf der Hand liegende Minderung des Kostenaufwandes für mein Projekt ins Feld führen, das im übrigen keinerlei Änderung des Beobachtungsdienstes im Gefolge hätte. Einzig und allein der Stand des bisher nachmittags notirten, nunmehr ebenfalls morgens zu ermittelnden höchsten Wärmegrades am Maximumthermometer würde alsdann nicht für den Ablesungstag selbst, sondern das vorangegangene Datum Geltung erlangen.

II. Einfluss des Waldes auf die Nachttemperatur der Luft.

Bei einem Blick auf die Sommermonatmittel der Tafel II zeigt sich — im Gegensaze zu den Wärmeerscheinungen bei Tage — die Waldluft nachts stets wärmer als die Luft auf freiem Felde, und zwar in der Baumkrone in weit stärkerem Mass als in Kopfhöhe.

Die in bisheriger Weise formulirte Regel für die Vorgänge bei Nacht würde somit

$$Bk > Kpf > Fd$$

zu lauten haben.

Während die Luft über dem Ackerfelde den Tag über am wärmsten gewesen war, ist sie hier am kältesten, eine Thatsache, die umso weniger auffallen kann, als naturgemäss der unbedeckte Boden (von dem hier die Luft weitaus die meiste Wärmezufuhr erfährt) in demselben Umfange, in dem er sich bei Tage intensiver erwärmt, bei Nacht durch Ausstrahlung auch entsprechend mehr Wärme verlieren muss.

Diese Analogie schon lässt vermuten, dass nachts der Wald, dessen Bodenausstrahlung durch das Kronendach ebenso wie seine direkte Insolation bei Tage gehindert ist, wärmer sein wird als das freie Ackerfeld, was sich ja thatsächlich auch herausstellt.

Während aber die Temperatur der Baumkrone morgens und abends, wie dies die früher erläuterte, die Wärmevorgänge am Tage veranschaulichende Formel $Kpf < Bk < Fd$ ausspricht, in der Mitte zwischen der Luft auf freiem Feld und im Waldinnern ihrem numerischen Werte nach sich bewegt, ist dem bei Nacht nicht so.

Vielmehr tritt Kpf zwischen Bk und Fd und die Waldluft in Kopfhöhe ist nicht wärmer, sondern wie bei Tage kälter als in der Baumkrone. Die Gründe hiefür hat schon vor 40 Jahren Dove ausgesprochen, dessen Worte hier angeführt seien. „Die obere Laubdecke" — natürlich ist nicht die Bodendecke, sondern das Laubdach gemeint — „eines Waldes verhält sich in Bezug auf Wärmezu- und ausstrahlung wie die unmittelbar den Boden bedeckenden Gräser bei einer Wiese. Die Luft, welche die durch Ausstrahlung erkalteten Zweige berührt, wird sich selbst abkühlen und dadurch spezifisch schwerer zu Boden sinken."[1])

Was Dove vom Laubwalde sagt, gilt selbstverständlich in ähnlicher Weise für das Kronendach des Nadelwaldes, und so zeigt sich bei Nacht die Waldluft des St. Johanner Fichtenbestandes in Kopfhöhe jahraus jahrein beinahe um einen vollen Grad kälter als in der Baumkrone.

Wenn die Nachttemperatur im Waldinnern somit zwar niedriger als im Gipfel der Bäume, aber doch höher als auf freiem Felde steht, so folgt aus dieser Thatsache die weitere, dass das Kronendach eines Fichtenbestandes, von dem die unteren in Kopfhöhe befindlichen Luftschichten herstammen, indem sie bei dessen nächtlicher Verstrahlung kalt und damit schwer geworden sich zu Boden gesenkt haben, zwar zweifellos eine grössere strahlende Oberfläche als völlig unbebautes Ackerfeld ohne Bodenüberzug, wie auch Mayr annimmt (a. a. O. S. 51.), nicht aber als die mit Gras bewachsene Erdoberfläche haben werde, so dass jenes sich nicht so stark abkühlen kann wie diese. Offenbar spielen bei der nächtlichen Ausstrahlung hauptsächlich nur die gegen den kalten Himmelsraum gerichteten Zweige eine wesentliche Rolle, indem die in und unterhalb der äussern und

---

1) Zitirt nach Schmid's Lehrbuch der Meteorologie, 1860. S. 143.

oberen Krone befindlichen Äste und Zweigchen durch die daneben und darüber hängenden Nachbarn davor geschüzt sind.

Nächtliche Ausstrahlung des **Waldbodens** findet offenbar sommers entweder gar nicht oder nur in sehr minimalem Betrage statt. Zweifellos müsste, wenn ihre Wirkung sich zu der von der Krone herab gelangten Kälte gesellen würde, das Thermometer im Walde niedriger als auf freiem Felde stehen, was um diese Jahreszeit nie beobachtet wird.

Krutzsch freilich ist der Ansicht, dass der Vorgang des Herabsinkens der kalten Luftschichten nicht so rasch vor sich gehe, weil zu gleicher Zeit aus physikalischen Gründen wärmere Luft emporsteigen müsse, um, nachdem sie ebenfalls abgekühlt, selbst wieder zu sinken (a. a. O. S. 264.).

Allerdings werden die beiden Luftarten sich miteinander mischen. Trozdem wird man nicht zu Krutzsch's Annahme gezwungen sein, die dahin geht, dass die „gesamte von den Kronen der Bäume eingeschlossene Luftmasse" durch die kalte, infolge Strahlung der Blätter und Zweige erzeugte Luft abgekühlt werden müsse. Wenn es auch unter Umständen lange dauern kann, bis der Gleichgewichtszustand erreicht ist d. h. sämtliche kalte Luft am Fusse der Bäume sich befindet, so darf man sich nur vergegenwärtigen, dass der Stand der Minimumthermometer zwar zur gleichen Zeit abgelesen wird, aber keineswegs andeuten will, die abgelesenen niedrigsten Temperaturen seien in demselben Augenblick eingetreten. In der Baumkrone wird der niederste Thermometerstand stets früher erreicht sein als in Kopfhöhe, wo er sich eben mit dem Ende jener nächtlichen Strömungen einstellen wird, die nicht gerade mit Sonnenaufgang zu herrschen aufhören müssen.

Wie hoch sich sommers die **nächtliche Erwärmung der Lufttemperatur durch die Bewaldung** (wenn dieser Ausdruck ein für allemal der Kürze halber gestattet sein soll: in Wirklichkeit handelt es sich bloss um eine Verhinderung stärkerer Wärmeausstrahlung) innerhalb der einzelnen Monate gestaltet, möge aus Tafel II entnommen werden. Für die verschiedenen Jahreszeiten gibt über diese Frage nachstehende Tabelle 4 Auskunft, in welcher wieder die aus den bairischen Beobachtungsergebnissen (Ebermayer S. 146 u. 147) berechneten Mittelwerte Aufnahme gefunden haben.

Tabelle 4.
Unterschiede zwischen der Nachttemperatur im Freien (Fd) und im Walde in Kopfhöhe (Kpf) und in der Baumkrone (Bk)

	Minima				Bemerkungen
	St. Johann			Baiern	
	Kpf > Fd	Bk > Fd	Diff.	Kpf > Fd	
Frühling	0,4	1,1	0,7	0,5	1. Diese Tabelle zeigt an, um wieviel Grade in Kopfhöhe (Kpf > Fd) und in der Baumkrone (Bk > Fd) die Waldluft nachts wärmer (+) oder kälter (−) ist als die Feldluft. Nebenstehende Zahlen drücken mithin den absoluten Einfluss des Waldes auf die Nachttemperatur aus.
Sommer	1,6	2,3	0,7	1,9	
Herbst	0,5	1,1	0,6	1,1	
Winter	−0,1	1,0	1,1	1,2	
Jahresmittel	0,6	1,4	0,8	1,2	
sommers	1,1	1,8	0,7		2. Die Zahlen in der Rubrik „Differenz" geben die Temperaturgrade an, um welche die Waldluft in Kopfhöhe kälter ist als in der Baumkrone (Kpf < Bk).
winters	0,4	1,2	0,8		
durchschnittlich	0,7	1,5	0,8		

Entsprechend der Abkühlung am Tag ist die Erwärmung bei Nacht in der heissesten Jahreszeit am stärksten. Sie beträgt für die Luft im Waldinnern während der eigentlichen Sommermonate ungefähr 1½°, im Frühjahr und Herbst annähernd ½°, d. h. dort ungefähr ⅓, hier ⅕ der Abkühlung zur Zeit des höchsten Thermometerstandes.

Die Baumkrone ist im Frühjahr und Herbst (wie auch im Winter) nachts um 1 Grad, im eigentlichen Sommer um's doppelte, nemlich 2 Grad wärmer als die Luft auf freiem Felde.

Die in Baiern erhobenen Temperaturunterschiede sind durchaus um einiges höher als unsere Ziffern. Vielleicht hängt solches, wenigstens was die Zahlenangaben für die Hauptvegetationszeit betrifft, mit dem Umstande zusammen, dass dort die Temperaturen „im Freien" sämtlich auf Wiesen gemessen worden sind, die sich nachts wohl bedeutender abkühlen werden als das nur mit spärlichem Grase bewachsene St. Johanner Gestütsfeld.

Da aber die Differenz im Winter am allergrössten sich herausstellt, müssen noch andere Momente im Spiele sein. Teilweise ist der Grund dafür wohl auch in dem Umstande zu suchen, dass die bairischen Minima am Thermometrograph ermittelt worden sind.

Mit obigen Wahrnehmungen stimmen auch Mathieu's[1]) und

---

1) S. 70 des S. 33 erwähnten Werkes.

Fautrat's[1]) Beobachtungen im Laubwalde völlig überein. Fautrat fasst zwar die Thatsache des nächtlichen Wärmerseins der Waldluft als Ausnahmeerscheinung auf, weil der Laubwald bei ihm wie der Nadelwald im Winter nachts kälter ist als das Ackerfeld. Dies hat aber besondere Gründe.

Offenbar bietet das Kronendach einer erst 25jährigen, noch in vollem Längewachstum begriffenen Föhrendickung, bei welcher von einer Abwölbung der Baumkronen sobald nicht die Rede sein kann, keinen genügenden Schuz, um, wie dies Stangenhölzer anderer Holzart thun, die nächtliche Ausstrahlung des Bodens zu verhindern. Ist nun der leztere gar ein reiner grobkörniger Sand, worauf der Fautrat's Waldstation bergende Ermenonviller Wald stockt, so wird dieselbe von erheblicher Stärke und nicht ohne Einfluss auf die nächtliche Abkühlung des Waldinnern sein.

Wenn dies in dem mittelmässig geschlossenen, nur um 10 Jahre älteren Föhrenbestande der im Nürnberger Reichswalde gelegenen bairischen Station Altenfurt nicht der Fall ist, so können hieran zwei Ursachen die Schuld tragen:

Entweder ist dieses Stangenholz geschlossener als das in Rede stehende französische bei Thiers, über dessen Schlussgrad von Fautrat eine Angabe nicht gemacht wurde,

oder sezt sein Kronendach an sich der nächtlichen Bodenstrahlung so wenige Hindernisse wie jenes entgegen, und tritt dieselbe nur wegen Verschiedenheit der physikalischen Bodenbeschaffenheit nicht so stark in die Erscheinung. In Altenfurt haben wir zwar auch (Keuper-) Sandboden, lezterer ist jedoch durch eine Moosdecke vor allzu intensiver Abkühlung geschüzt. Das nächtliche Minimum steht daselbst im Waldinnern das ganze Jahr über um 2,2° höher als im Freien.

Wenn das Mass der Kälte, bis zu welcher die Waldtemperatur bei Nacht herabsinkt, von der Grösse der Abkühlung des Kronendachs abhängt, von wo aus erst die erkälteten Luftschichten nach dem Boden hinabfliessen, wird die nächtliche Erkältung im Winter sich in erster Linie darnach richten, ob Schnee auf den Zweigen liegt oder nicht.

Im ersteren Falle wird die Wärmeausstrahlung der Baumkrone schwächer sein, weil die strahlende Oberfläche alsdann verringert ist, insofern sämtliche Gipfel und Äste unter der über sie gelagerten Schneedecke wie unter einer Haube geborgen, vor starker direkter Verstrahlung geschüzt sind. Schnee verstrahlt nun allerdings auch

---

1) S. 35 des S. 33 erwähnten Werkes.

nicht unbedeutend¹). Aber die Schneedecke eines freien Feldes bietet eine grössere strahlende Oberfläche dar, als die schneebedeckten Gipfel und Zweige eines Holzbestandes, von denen ja doch nur die obersten hier in Betracht kommen.

Liegt kein Schnee auf den Baumzweigen, so geht wenigstens im Nadelwalde die Verstrahlung wie im Sommer vor sich, während sie auf dem Ackerfelde, das unter Umständen Schnee trägt, jezt geringer sein kann, weil die strahlende Oberfläche des schneelosen Walddaches grösser sein wird als die des schneebedeckten Feldes.

Die Dauer der Zeit, während welcher hier (und auch auf dem Waldboden) der Schnee liegen bleibt, kann zwar aus den in den Beobachtungsmanualen enthaltenen Notirungen auf den Tag hin entnommen werden, nicht aber für die Baumkrone, von wo der Schnee durch Wind u. s. w. abgeschüttelt wird und zu Boden fällt.

Ich weiss nun nicht, ob die obige Erklärung als vollständig ausreichend für die verschiedenen Fälle, wo in St. Johann in Winternächten (vergl. Taf. II) das Thermometer einmal im Walde, das andre Mal im Freien am tiefsten stand, angenommen werden kann. Jedenfalls scheint sie mir geeignet, ohne Zwang von diesem verschiedenen Verhalten Rechenschaft zu geben. Ist doch die Temperaturerniedrigung, welche die Waldluft bei Tag erfährt (und die wie gesagt winters auch bei Nacht vorkommen kann) nach Fautrat das Resultat „de l'activité combinée du rayonnement céleste et du rayonnement nocturne." Wenn also die durch die nächtliche Strahlung hervorgerufenen Wärmeverluste diese infolge der durch den Schuz des Walddaches verursachten geringeren Insolation erzeugten Temperaturunterschiede aufrecht erhalten, das Feld somit nachts wie bei Tag einen Wärmeüberschuss behält, dann kann oder vielmehr muss das Thermometer auch bei Erreichung seines niedrigsten Standes im Walde tiefer bleiben als auf freiem Felde. Lezteres ist in St. Johann mehrfach der Fall gewesen. Kpf war < Fd zur Zeit des nächtlichen Minimum:

November 1882 u. 83 um 0,5 bezw. 0,1°
Dezember 1883 „ 0,2°
Januar 1883 u. 84 „ 0,1 „ 0,2°
März 1883 „ 0,2°

Im Winter 1882/83 um 0,1°, dagegen in den beiden andern Wintern wie sommers Kpf > Fd, nämlich:

1881/82 um 1,2°
1883/84 „ 0,1°,

---
¹) Schmid, a. a. O. S. 140.

im Durchschnitte der drei untersuchten Winter um 0,4°, welche Differenz sich, zieht man den Winter 1880/81 auch noch in Rechnung, auf 0,6° erhöht.

Ich mache darauf aufmerksam, dass obige, übrigens nicht die Regel bildenden Fälle von „Kältersein des Waldes bei Nacht" umsomehr mit dem Umstand ob Baumkrone und Feld oder dieses allein mit Schnee bedeckt, in Zusammenhang zu bringen sein dürften, als unsere Feldstation im Bereiche des kalten Luftstromes liegt, der als sogenannter „Thalzug" allabendlich der Bodensenkung, in welcher sich jene befindet, folgend, auf dem St. Johanner Gestütsfelde hinzieht und an den unmittelbar angrenzenden, nur wenig über die betreffende Terrainpartie sich erhebenden Orten sogar für das blosse Gefühl deutlich bemerkbar ist. Offenbar müssen eigenartige Verhältnisse vorliegen, wenn trozdem dass infolge des eben angeführten Umstandes die nächtlichen Minima auf der Feldstation besonders tief ausfallen, sich dieselben im Wald ab und zu noch mehr als dort verstärken.

Auf der, der Meereshöhe nach unserem Beobachtungsorte zunächst stehenden, am Starnberger See gelegenen bairischen Fichtenstation Seeshaupt hat obige Plusdifferenz für den Wald während der eigentlichen Wintermonate (Dezember bis Februar) 0,7°, für sämtliche bairische Stationen annähernd das doppelte, 1,2°, betragen.

Der 25jährige, bereits erwähnte französische Föhrenjungwuchs ist auch im Winter nachts stets kälter als das Ackerfeld gewesen. Offenbar wird hier die Wärmeausstrahlung des Bodens, der bei der grossen Jugend des Bestandes noch keinen reichlichen, jene hemmenden Nadelabfall aufweisen kann, wie schon gesagt, eine Rolle spielen, umsomehr als der Temperaturunterschied hier noch grösser ist als in dem etwas älteren Laubholzgestänge bei Fleurines. Lezteres steht zwar wie jenes auf reinem Sandboden, der sich leicht erhizt und ebenso leicht verkühlt, hier aber ein die Verstrahlung einigermassen einschränkendes thoniges Bindemittel aufweist. (Fautrat a. a. O. S. 34.)

Ohne Zweifel ist aber auch die Oberfläche einer Föhrendickung im Winter grösser als die eines Laubholzgertenholzes im blattlosen Zustande, und man wäre vielleicht versucht, hierin die Ursache der stärkeren Erkältung des Föhrenwaldes zu erblicken, stünde dieser Annahme nicht die Thatsache im Wege, dass auf der zitirten bairischen Föhrenstation Altenfurt das Thermometer im Walde während der Wintermonate durchschnittlich um 1,4° höher als im Freien gestanden ist.

Aus Mathieu's und Ebermayer's Beobachtungen geht hervor, dass Laubwälder auch im blattlosen Winterzustande genügenden Schuz zu gewähren vermögen, um die nächtliche Bodenausstrahlung zu verhindern, die Kälte im Waldinneren somit nur von Verstrahlung der Oberfläche der Baumgipfel abhängig zu machen.

Es ist in dem 65jährigen gut geschlossenen (couvert assez épais) Laubholzgestänge bei Belle-Fontaine die Waldluft in neunjährigem Beobachtungszeitraum nur einmal winters (Dezember 1877) bei Nacht kälter als die Luft auf der zum Vergleiche gewählten Saatschule, sonst stets um durchschnittlich 0,9° wärmer als diese gewesen.

Auf den beiden bairischen Buchenstationen Rohrbrunn und Johanneskreuz kamen im Winter 1868/69 ebenfalls wie in St. Johann einzelne Fälle vor, dass sich die Luft im Walde nachts so stark oder noch stärker abkühlte, als auf den anstossenden Wiesen. Im Gesamtdurchschnitte ist jedoch auch hier Erwärmung der Waldluft um 1,2° zu konstatiren, welcher Betrag dem Totaltemperaturunterschiede sämtlicher sechs bairischen Stationen gleichkommt.

Was die Wichtigkeit der bisher behandelten Wärmevorgänge bei Nacht betrifft, so ist daran zu erinnern, dass auf der nächtlichen Erwärmung — um nur ein Beispiel herauszugreifen — der Schuz beruht, den der Mutterbaum des Besamungsschlages dem Jungwuchse gewährt. Er ist am wichtigsten im Frühjahre, wo mit Beginn des Wiedererwachsens der Vegetation die Temperatur oft noch um den Gefrierpunkt sich bewegt und wo sonach ein halber Grad mehr oder weniger das Leben der jungen Blattorgane rettet oder vernichtet. Mit Befriedigung lässt sich daher darauf hinweisen, dass die behandelten Ausnahmefälle, wo der Wald bei Nacht sich stärker abkühlt als das Feld, nicht in dieser Jahreszeit, sondern nur zur Zeit der Winterruhe vorkommen, also meist unschädlich vorübergehen werden.

Ich habe im Vorhergehenden nie von den Ursachen gesprochen, welche in der Witterung u. a. atmosphärischen Erscheinungen begründet, die nächtliche Wärmeausstrahlung gegen den kalten Himmelsraum zu verstärken oder zu schwächen geeignet sind. Lezteres geschieht z. B. bei bedecktem Himmel in hohem Masse.

Die Bewölkung kann aber an den äussersten Falls eine halbe Stunde (Seeshaupt) von einander entfernten Beobachtungsorten unmöglich in wahrnehmbarer Weise verschieden sein, wird vielmehr auf der Wald- wie der Feldstation in gleicher Intensität sich geltend machen. Sie wird instruktionsgemäss auch nur auf lezterer beobachtet. Wenn also eine solche Veranlassung zu grösserer oder geringerer Ausstrahlung vorliegt, so wirkt diese auf die Vorgänge in Wald und Feld in gleichem Masse.

Alle derartigen Momente, wozu ich u. a. unbedingt den Luftdruck rechne, können daher ruhig eliminirt werden, sobald es sich darum handelt, den Temperaturunterschied zwischen der Feld- und Waldluft zu ermitteln, soweit derselbe durch die Verschiedenheit der beiden Medien, als welche uns die Erdoberfläche (hier bewaldet, dort nicht bewaldet) entgegentritt, bedingt ist.

III. Einfluss des Waldes auf die Gesamttemperatur der Luft.

(Rubrik „im ganzen" von Taf. I u. II).

Bei Ermittelung der Stärke des Einflusses eines Holzbestandes auf die Gesamttemperatur der Luft des Waldinnern, d. h. die wahre mittlere, aus mi-, mg-, ma- und nm-Beobachtung gefundene Temperatur, verschwindet begreiflicherweise die quantitativ erheblich geringere nächtliche Erwärmung vor der intensiveren Erkältung bei Tage. Nach wie vor muss der Temperaturunterschied im Sommer am grössten sein. Er beträgt hier wie zur Zeit des höchsten Thermometerstandes (s. S. 8) das 3fache, im Frühjahr und Herbste das $1^1/_2$ fache der Winterabkühlung, im Durchschnitte des ganzen Jahres gerade 1 Grad, somit $^1/_2$ Grad weniger als die Abkühlungsziffer während der „eigentlichen Tageszeit" d. h. von morgens bis abends ausmacht.

In der Baumkrone überwiegt während der warmen Jahreszeit natürlich ebenfalls die Abkühlung. Im Winter jedoch, wo die Krone nicht nur bei Nacht, sondern in der Regel auch noch morgens wärmer ist als die Feldluft, stellen sich die Temperaturen beider gleich. Es beträgt nemlich die Differenz Bk < Fd laut Tab. 1 winters Null, d. h. also die Erkältung der Waldluft in der Baumkrone vom täglichen Wärmemaximum bis abends hält der sogen. Erwärmung (s. S. 24) von abends bis morgens das Gleichgewicht.

Man kann die Gesamttemperatur auffassen als Durchschnittswert der beiden, bei viererlei Beobachtungsresultaten möglichen Tagesmittel, nämlich:

1.) aus den Maxima- und Minimatemperaturen (mi — ma)
2.) „ 2mal täglichen Beobachtungen (mg — nm).

Beinahe durchweg sind die Tagesmittel erstgenannter Art kleiner als die zweiter Kategorie, wovon man sich durch Vergleichung der betreffenden Kolumnen von Taf. I alsbald überzeugen wird. Dieses Vorkommnis ist keineswegs auffällig, denn es findet seinen natürlichen Erklärungsgrund darin, dass die beiden hier in Betracht kommenden Faktoren, die Morgen- und Abendtemperatur, ihrem numerischen Werte nach dem Maximum viel näher stehen als der Minimumtemperatur.

Nur ein Monat, der September, bildet eine Ausnahme, zwar nicht in Bezug auf die Luftwärme des Waldinnern, sondern auf die Feldluft und die Temperatur der Baumkrone. Hier macht sich offenbar der allgemeine Wärmegang in der Atmosphäre geltend. Während nämlich die Fd-Maximumtemperatur infolge Abnahme der Wirkung der Sonnenstrahlen gegenüber vom August im September um 3,8° weniger hoch steigt als dort, nimmt das nächtliche Minimum nur um 0,2° ab, was darauf hindeutet, dass das Ackerfeld begreiflicherweise in den beiden Monaten August und September bei Nacht sich annähernd gleich stark abkühlt. Das mi-ma-Tagesmittel nimmt also nur um 2,0° ab, während der Wärmeverlust für mg — nm beim Übergang vom August zum September sich auf 4,4°, also beinahe das doppelte beläuft. Kein Wunder also, wenn mi — ma in diesem Monat um 1,0° grösser als mg — nm ist.

Ähnlich, doch nicht so extrem liegen die Verhältnisse für die Baumkrone:

mi — ma hat im Vergl. mit August nur um 3,0° ⎫
mg — nm „ „ „ „ „ „ „ 3,7° ⎭ abgenommen

und jenes Tagesmittel ist daher um 0,4° grösser als dieses.

Bezüglich der Waldluft in Kopfhöhe ist auch im September noch ein Temperaturunterschied von 0,2° zu Gunsten des Mittels aus zweimal täglichen Beobachtungen zu konstatiren.

Vor allem wird man sich fragen, inwieweit die zwischen der Wald- und Feldluft zu ermittelnden Temperaturunterschiede Änderungen erleiden, je nachdem man dieselben aus (mi — ma)- oder aus (mg-nm)-Temperaturen ableitet. Hierüber giebt Tabelle 1 (S. 9) Aufschluss.

Während, wie soeben nachgewiesen worden ist, die (ma-mi)-Temperaturen in der Regel kleiner ausfallen, als die Mittel aus täglich zweimaligen Beobachtungen, sind genannte Differenzen im ersteren Falle wegen der bedeutenden Abkühlung der Waldluft zur Zeit des täglichen Wärmemaximum etwas grösser als unter Zugrundelegung der zweitgenannten Temperaturart, mit Ausnahme der Sommermonate, wo sie durchschnittlich um 0,3° kleiner sind. Lezteres scheinbar exzeptionelle Faktum ist wohl begründet. Die „nächtliche Erwärmung", welche während dieser Jahreszeit ihr Maximum erreicht, wie die „tägliche Abkühlung", drückt die durch leztere veranlasste Temperaturerniedrigung in die Höhe. Infolge dieses Umstandes ist sogar die Augusttemperatur in der Baumkrone (mi — ma = 14,0°) um 0,3° höher als auf freiem Felde (13,7°).

Ebermayer hat somit Unrecht, wenn er (a. a. O., S. 86) von dem Frühjahrstemperaturunterschied zwischen Feld und Wald sagt, er sei unter Zugrundelegung von Maximum und Minimum geringer. Lezteres kann nach den eben angestellten Untersuchungen nur in der wärmsten Jahreszeit der Fall sein, wo die erkältende Wirkung des Waldes bei Tag sowohl als die erwärmende Thätigkeit bei Nacht am intensivsten ihren Einfluss ausüben. Doch handelt es sich wenigstens für diese warme Jahreszeit, wie die entsprechenden Rubriken der Tabelle 1 erkennen lassen, nur um unerhebliche Abweichungen.

Die daselbst verzeichneten, auf Grund bairischer und württembergischer Beobachtungsergebnisse ermittelten Wärmeunterschiede zwischen der Tagestemperatur in Feld und Wald bestätigen in hohem Masse die von Krutzsch und Nördlinger[1]) schon vor mehr als zwanzig Jahren wenn auch mit bescheidenen Mitteln gemachten Wahrnehmungen, welch leztere in der Zwischenzeit mannigfache Bestätigungen erfuhren, so namentlich durch Beobachtungen in Frankreich, die teilweise schon Erwähnung gefunden haben.

Mein Unternehmen diese französischen Untersuchungen mit obigen süddeutschen Resultaten in Parallele zu stellen, könnte freilich bedenklich erscheinen. Ich lasse daher weiteren Auseinandersezungen eine Beschreibung sämtlicher Beobachtungsstationen, deren Zahlenergebnisse mit einander verglichen werden sollen, vorangehen, die über die Verschiedenheit ihrer geographischen Lage, überhaupt der in Betracht kommenden klimatischen Faktoren (s. S. 1) Auskunft erteilen soll, ausserdem alle zum vollen Verständnisse der gezogenen Schlüsse notwendigen Angaben enthält. Man wird darin vielleicht Notizen über die Lage der verschiedenen Stationen zum Horizonte vermissen. Ihre Aufzählung wurde unterlassen, weil zwischen den meist eben liegenden Wald- und Freistationen durchaus völlige Vergleichbarkeit nach dieser Richtung vorzuliegen scheint.

---

1) Klimatischer Einfluss der Waldungen in den Kritischen Blättern, 44. Bd. II. Heft, S. 145 ff.

Beschreibung von 10 (6 bairischen, 3 französischen, 1 württembergischen) zu forstlich-meteorologischen Zwecken eingerichteten Beobachtungsstationen.

Namen der forstl.-meteorologischen Doppel-Stationen	Nähere Bezeichnung ihrer Lage	Meereshöhe in m	Örtlichkeit der Waldstation		Freistation	Entfernung zwischen beiden Stationen	Beobachtungsresultate für einen ..jährigen Zeitraum	ad A. und B., verarbeitet durch: ad C., niedergelegt in:
			..jähriges	..Stangenholz[1])				
A. Baiern.								
Duschlberg	Bairischer Wald	900	40		Fi	Wiese	15 Min.	
Beeshaupt	„ Hochebene	600	40		„	„	30 „	
Rohrbrunn	Spessart	480	60		Bu	„	5 „	Ebermayer, die physikalischen Einwirkungen des Waldes auf Luft und Boden u. s. w., 1873.
Johanneskreuz	Hardt (Rheinpfalz)	480	60		„	„	15 „	1 (1868/69)
Ebrach	Steigerwald	380	50		Fi	„	10 „	
Altenfurt	Nürnb. Reichswald	330	35		Fö	„	15 „	
B. Frankreich.								
Belle-Fontaine	Hayer Wald bei Nancy (Meurthe- u. Mosel-Departement)	240	65		Bu Ei Hai	Saatschule	400 m	9 (1869/77)	Mathieu, Météorologie comparée agricole et forestière, 1878.
Fleurines	Halatter Wald (Oise-Departement)	120	30		Ei Hai	Ödung	150 m	4 (1874/77)	Fautrat, Observations météorologiques faites de 1874 à 1878.
Thiers	Ermenonviller Wald	100	25		Fö	Ackerfeld	300 m	2 (1876/77)	
C. Württemberg.								
St. Johann	Schwäbische Alb (bei Urach)	760	50		Fi[2])	Ackerfeld[2])	700 m	3 (1881/84)	Müttrich, Jahresberichte über die Beobachtungsergebnisse der deutschen forstl.-meteorologischen Stationen.

1) Die Abkürzungen in dieser Rubrik entsprechen den in der Forsteinrichtung gebräuchlichen Bezeichnungen:
   Fi = Fichte, Fö = Föhre, Na = Nadelholz; Bu = Buche, Ei = Eiche, Hai = Haine, Lau = Laubholz.
2) Der leicht mit Nadeln (ohne Moosüberzug) bedeckte Boden der Waldstation ist tiefgründig und fast steinlos; derjenige der Feldstation mit Gras bewachsen, flachgründig und sehr steinig.

Man wird überhaupt, namentlich im Hinblick auf die angegebenen Entfernungen, sagen können, sämtliche Stationen, auf denen Temperaturunterschiede zwischen Wald und Wiese, Ödung oder freiem Felde beobachtet worden sind, seien (wie verlangt werden muss) nach den Hauptpotenzen des Klimas gleich gewählt und wie die Fautrat'schen (a. a. O. S. 7) eingerichtet, nemlich

„sous bois et hors bois, à une distance assez faible de la forêt, pour que les différences dans les résultats constatés ne puissent être attribuées qu' à son influence".

so dass also zwischen beiden Punkten keine klimatische Verschiedenheit besteht, welche an und für sich schon eine Abweichung der Temperatur verursachen könnte.

Die Gesamtresultate der in Baiern für einen 1jährigen, in Frankreich 2—9jährigen, Württemberg 3jährigen Zeitraum[1]) vollständig vorliegenden Beobachtungsergebnisse sind in ihren Durchschnittswerten, soweit sie den Einfluss des Waldes auf die Luftwärme betreffen, in nachfolgender Tabelle 5 zusammengestellt.

Die darin verzeichneten Temperaturunterschiede zwischen Wald und Feld gründen sich für Baiern und Württemberg auf zweimal tägliche, morgens und nachmittags angestellte, für Frankreich auf Maximum- und Minimumbeobachtungen, welch leztgenannte Art allein auf den französischen Stationen gewählt worden ist. Weil aber diese Temperaturen in Baiern (Ebermayer S. 84) häufig eingetretener Störungen wegen nicht an allen Stationen das ganze Jahr über beobachtet werden konnten, auch, was früher bereits erwähnt wurde, nur mit dem Thermometrograph, nicht mit Maximum- und Minimumthermometer wie in Frankreich und Württemberg ermittelt worden sind, wurden auch für St. Johann die bei der Vergleichung in Anwendung gebrachten Differenzen aus zweimal täglichen Beobachtungen berechnet. Sie fallen allerdings, wie wir früher gesehen haben, $\frac{\text{im allgemeinen}}{\text{im Sommer}}$ etwas $\frac{\text{kleiner}}{\text{grösser}}$ aus als die aus ma-mi berechneten Unterschiede. Doch wird das Ergebnis nachfolgender Untersuchung über das Bedenkliche der neben einander herlaufenden Verwendung beider Gattungen beruhigen.

---

[1]) Die (3jährigen) St. Johanner Temperaturdifferenzen unterscheiden sich von den für das Jahr 1883/84 in Tabelle 1 (S. 8) berechneten Werten merkwürdigerweise nur je für Frühling und Winter um eine Dezimale.

Tabelle 5.

Unterschiede zwischen der Lufttemperatur im Freien (hors bois) und im Walde (sous bois) während der verschiedenen Jahreszeiten auf Grund deutscher und französischer Beobachtungen.

	Nadelholz									Laubholz				Differenz zwischen Na und Lau	Wald im allgemeinen	Bemerkungen
	Baiern 1868/69		Frankreich 1876/77	Württemberg 1881/84		Mittel				Baiern 1868/69	Frankreich		Mittel			
											1874/77	1869/77				
	Duschlberg Ebrach Seeshaupt	Altenfurt	Thiers	St. Johann						Johanneskreuz Rohrbrunn	Fleurines	BelleFontaine				
	Fi	Fö	Fö	Fi	Fi	Fö	Na									
Frühling.....	1,7	1,5	0,9	0,8	1,3	1,2	1,2			0,6	0,2	0,2	0,3	0,9	0,7	1. Diese Tabelle gibt die Temperaturgrade an, um welche die Waldluft in Kopfhöhe (hauteur d'homme) kälter ist als die Luft auf freiem Felde (Kpf < Fd).
Sommer.....	2,8	1,8	1,2	1,7	2,0	1,5	1,8			1,8	0,9	1,0	1,2	0,6	1,5	2. Die Zahlen in der Rubrik „Differenz etc." zeigen an, um wieviel Grade der Laubwald wärmer ist als der Nadelwald.
Herbst.....	1,0	0,7	1,0	0,5	0,7	0,9	0,8			0,4	0,8	0,3	0,5	0,3	0,6	3. Die Zahlen in der Rubrik „Wald im allgemeinen" sind Durchschnittswerte der „Mittel" für Nadel- und Laubholz.
Winter.....	0,9	0,6	0,7	0,3	0,6	0,7	0,6			0,2	0,2	0,2	0,2	0,4	0,4	
Jahresmittel ..	1,5	1,2	1,0	0,8	1,2	1,1	1,1			0,7	0,5	0,4	0,5	0,6	0,8	

Vergleichung deutscher und französischer forstlich-meteorologischer Beobachtungsergebnisse.

Zunächst noch ein Wort über den S. 32 als möglich hingestellten Einwand gegen dieses ganze Beginnen!

Vor allem fällt die niedrige Meereshöhe der französischen Stationen ins Auge, zumal der im Oise-Departement gelegenen, Fleurines und Thiers, die beide ausserdem der horizontalen Entfernung nach dem Meere bedeutend näher gerückt sind als der dritte bei Nancy installirte Beobachtungsort (Belle-Fontaine).

Auf der andern Seite muss daran erinnert werden, dass, wie ich soeben dargelegt habe, bei Auswahl der zur Vergleichung herangezogenen Örtlichkeiten überall als massgebender Gesichtspunkt Gleichheit der das Klima bedingenden Momente festgehalten worden ist, so dass die Annahme nicht ungerechtfertigt sein wird, jene werden auf den korrespondirenden Wald- und Freistationen, wenn nicht in völlig identischer, so doch annähernd übereinstimmender Weise ihren Einfluss geltend machen.

Hievon abgesehen sollen ja — was besonders zu betonen ist — nicht die absoluten Temperaturmittel nach ihren da und dort erhobenen Wertbeträgen meinen Schlussfolgerungen zu Grunde gelegt werden (welche Massnahme freilich ein schwerer Verstoss wäre), sondern ausschliesslich nur die Temperatur-Unterschiede zwischen Wald und Feld oder Ödung, welche Medien, wie gesagt, abgesehen von ihrer inneren physikalischen etc. Verschiedenheit im einzelnen der Einwirkung der nämlichen klimatischen Einflüsse unterliegen.

1.) Aus den in Tabelle 5 mitgeteilten Zahlen geht vor allem wieder (vergl. S. 8) die Zunahme der erkältenden Wirkung der Bewaldung mit steigender Temperatur hervor.

Durchaus sind die Unterschiede zwischen der Wald- und Feldluft sowohl im Nadel- als im Laubholze, nach welchen beiden Waldkategorien das vorliegende Untersuchungsmaterial getrennt worden ist, während der wärmsten Jahreszeit am grössten. Sie betragen im Sommer $\frac{\text{dort } 1,8°}{\text{hier } 1,2°}$, also das $\frac{3\text{fache}}{6\text{fache}}$ der Abkühlung im Winter, welche sich im $\frac{\text{Nadelwald auf } 0,6°}{\text{Laubwald auf } 0,2°}$ beziffert.

Fautrat's Wahrnehmung (a. a. O. S. 34): „les bois à l'état „de massif ont un pouvoir réfrigérant, leur action frigorifique „très-manifeste pendant la saison chaude est mieux accusée chez „les bois résineux que chez les bois feuillus," hat also ganz allgemeine Giltigkeit. Wir werden hierauf noch einmal zurückzukommen haben.

2.) Ferner gibt uns vorstehende Tabelle das Material an die Hand zur Erörterung der Frage, wie sich der Unterschied zwischen der Feld- und Waldluft mit der Meereshöhe ändert. Selbstverständlich wird eine endgiltige Lösung nur innerhalb des Verbreitungsbezirks einer und derselben Holzart ins Auge zu fassen sein.

Gruppirt man die Temperaturdifferenzen für die in Laubwäldern gelegenen zwei bairischen, in derselben Meereshöhe befindlichen Stationen (Johanneskreuz, Rohrbrunn) und die beiden französischen, nur etwas mehr als 100 m auseinander liegenden Orte, wie in Tabelle 6 geschehen, so bestätigt sich die von Ebermayer für das Frühjahr behauptete Thatsache (a. a. O. S. 86), dass der Unterschied zwischen Waldluft und Freilandtemperatur an hochgelegenen Punkten, wo um diese Jahreszeit der Schnee im Walde länger liegen bleibt, grösser sei, ausser für das Frühjahr auch für den Sommer. Dass solches in dieser Jahreszeit der Fall ist, während Ebermayer keinen namhaften Unterschied im Verhalten der Wälder an höher und tiefer gelegenen Orten im Sommer konstatiren zu können glaubt, geht ziemlich sicher aus seinen eigenen Beobachtungen hervor, denn die beiden Buchenstationen stimmen in diesem Punkte mit der nur 150 m tiefer gelegenen Föhrenstation (Altenfurt) vollständig überein.

Tabelle 6.

Unterschiede zwischen der Lufttemperatur im Freien und im Laubwald in verschiedenen Meereshöhen.

	180 m	480 m	Differenz	Bemerkung
	über dem Meeresspiegel			
Frühling	0,2	0,6	0,4	Die Zahlen in der Rubrik „Differenz" zeigen an, um wieviel Grade die Waldluft in ca. 200 m Höhe wärmer (+) oder kälter (−) ist als ca. 500 m über dem Meere.
Sommer	1,0	1,8	0,8	
Herbst	0,6	0,4	− 0,2	
Winter	0,2	0,2	—	
Jahresmittel . .	0,5	0,7	0,2	

Auch für den Föhrenwald scheint diese Beziehung zwischen Temperatur und Meereshöhe zuzutreffen. Wenigstens weist Tab. 5 als $\frac{\text{Frühjahr}}{\text{Sommer}}$-Differenz für 330 m (Altenfurt) $\frac{1,5°}{1,8°}$, für 100 m (Thiers) nur $\frac{0,9°}{1,2°}$ auf.

Anders liegen die Verhältnisse im **Fichtenwalde**. Trozdem St. Johann 760 *m* über dem Meeresspiegel liegt, beträgt daselbst die in Rede stehende Frühjahr- und Sommerdifferenz 0,8 bezw. 1,7°, also nur die Hälfte resp. ¼ des auf den 3 bairischen Fichtenstationen ermittelten Resultats, von welchen nur eine, Duschlberg, um 140 *m* höher, die beiden andern (Seeshaupt und Ebrach) um 160 resp. 380 *m* tiefer liegen.

Abgesehen hievon beläuft sich — wenn eine Parallele zwischen Waldbeständen verschiedener Kategorie gestattet ist — der Luftunterschied in dem nur 100 *m* hoch gelegenen **Ermenonviller** (Föhren-)Wald im Frühjahr auf 0,9° (Thiers), nur auf 0,2° in dem fast in gleicher Meereshöhe liegenden **Halatter** (Fleurines), wie dem um etwas mehr als 100 *m* höher liegenden **Hayer** (Laub-)Walde (Belle-Fontaine).

3.) Die Meereshöhe muss uns also beim Versuche der Erklärung der thatsächlich, namentlich um jene Jahreszeit, vorhandenen grossen Verschiedenheiten zwischen Nadel- und Laubholz im Stiche lassen. Dieselben werden sonach auf einen andern Grund zurückzuführen und zweifellos im **Wesen der bestandbildenden Holzart** zu suchen sein. Dass grössere Schneemassen, welche sich in den Wäldern, besonders in Gebirgswaldungen, anhäufen können und dann wenigstens auf der Nordseite länger liegen bleiben als auf unbewaldeten Strecken[1]), also den früheren Eintritt wärmerer Temperatur erschweren, ist eine Thatsache, die selbstverständlich von der Holzart unabhängig ist. Ausgedehnte Waldkomplexe können auf solche Weise für umliegendes Kulturland unter Umständen empfindliche Erkältung herbeiführen. (Mayer a. a. O. S. 49.)

Schon ein flüchtiger Blick auf die Angaben der Tab. 5 lässt erkennen, dass die **Abkühlung durch den Nadelwald** meist stärker vor sich geht als durch den Laubwald. Lezterer erscheint jahraus jahrein wärmer als jener, im jährlichen Gesamtdurchschnitte ungefähr um ½ Grad.

Diese Verschiedenheit des Verhaltens äussert sich aber nicht zu jeder Jahreszeit in gleichmässiger Weise, sondern das **Maximum der „Differenz zwischen Na und Lau"** fällt ins **Frühjahr**, nicht wie sonst in den Sommer, und beträgt dort das 1½ fache der sommerlichen „Erwärmung" des Laubwalds im Vergleiche zum Koniferenbestand.

Schon Ebermayer konstatirte (a. a. O. S. 86), dass in den

---

[1]) Vergl. Weber, der Wald im Haushalte der Natur und des Menschen. 1874. S. 26.

Laubwaldungen die Temperaturdifferenz im Frühling geringer sei als in den Nadelwäldern, gibt hiefür jedoch keine eingehende Begründung, sondern als vermutliche Ursache ganz allgemein nur die Belaubung an. Allerdings wird man mit zwingender Notwendigkeit auf diesen Faktor als Veranlasser jener Erscheinung geführt. Doch wird es sich lohnen, die Art und Weise seiner Wirksamkeit näher ins Auge zu fassen.

Die geringere Temperatur des Waldes rührt, wie ich auf S. 6 schon auseinander gesezt habe, nicht allein von mangelnder direkter Bodeninsolation her, sondern auch von dem Umstande dass die Baumkrone bei der Transpiration entstandene kalte (und damit schwer gewordene) Luft ins Waldinnere herabsendet. Im Nadelwalde nun kann die über den Winter mehr oder weniger stark sistirte Verdunstung (vergl. S. 11) bei mit Frühjahrsbeginn steigender Temperatur alsbald wieder anheben, weil er seine Dünstungsorgane den Winter über nicht verloren hat, so dass also mit obigem Zeitpunkte jene weitere Erkältungsquelle für die Waldluft in Kopfhöhe wieder erschlossen wäre.

Der Laubwald dagegen kann, nachdem er einmal seine Haupt-Transpirationsorgane, die Blätter, durch den Laubabfall im Herbste verloren hat, so lange er nicht von neuem belaubt ist, nicht dünsten. Für ihn liegt also vor allem im Frühling die Voraussezung einer, kalte Luft von der Baumkrone herabführenden Strömung (abgesehen von dem nächtlichen Luftstrom, der seine Entstehung nicht etwa der Transpiration, sondern der Wärmeausstrahlung verdankt) nicht vor.

Sodann kann er den zu dieser Jahreszeit unter Umständen schon mit ziemlich intensiver Wirkung auftretenden Sonnenstrahlen das Eindringen durch sein entblättertes Kronendach keinenfalls in gleich hohem Masse verwehren, wie der sommers und winters mit gleicher Dichte des seinigen fungirende Nadelholzbestand. Erwärmung von Boden und Stämmen und damit auch der Luft ist also dort um diese Zeit nicht ausgeschlossen.

So erklärt sich die Erscheinung dass die Frühjahrserkältung im Nadelwald ein 4faches von derjenigen des Laubwaldes beträgt, oder anders ausgedrückt, dass der Laubwald um 0,9° wärmer als jener, nur um 0,3° niedriger als die Luft auf freiem Felde temperirt ist. Er steht in Bezug auf sein thermisches Verhalten in blätterlosem Zustande naturgemäss zwischen dem unbedeckten Ackerfeld und dem Nadelwalde.

Deswegen treten nur im Sommer, zur Zeit des reichsten Blätterschmuckes, erhebliche Abkühlungsziffern beim Laubwald auf. Sobald dieser sein Laub verliert, sinkt jener Temperaturunterschied und der Laubwald wird weniger stark abgekühlt als Nadelholzbestände.

Wenn der nur 120 m über dem Meere stehende Halatter Wald (Stat. Fleurines) im Durchschnitte der 4 Jahre 1874/77 für den Herbst den ausnahmsweise hohen Unterschied von 0,8° aufweist (gerade soviel als sämtliche zur Vergleichung herangezogenen deutschen und französischen Nadelwälder), so wird diese auffallende Thatsache vermutlich auf den Umstand zurückzuführen sein, dass in dieser geringen Höhe über dem Meeresspiegel das Laub im Herbste länger an den den Wald zusammensezenden Eichen und Hainen hängen bleibt, was für die Bretagne z. B. sogar für den Winter nachgewiesen ist.[1])

In Berücksichtigung dieses Umstandes allein erklärt sich die aus dem Tabellchen 6 S. 37 ersichtliche Thatsache, dass 500 m über dem Meeresspiegel befindliche Buchenwälder im Herbst um 0,2° wärmer sein sollen, als um 300 m tiefer liegende. Hier kann eben infolge des Umstandes dass die Bäume um diese Jahreszeit noch belaubt sind, eine grössere Abkühlung — wegen reduzirter Erwärmungsmöglichkeit — eintreten, als dort, wo das Laub bereits abgefallen sein wird, der Wald in seinem thermischen Verhalten sich somit dem freien Felde um einiges genähert hat.

Im übrigen machen sich im Herbst wie im Winter, wo ja der Einfluss des Waldes auf die Lufttemperatur überhaupt von sehr untergeordneter Bedeutung ist, keine auffallenden Verschiedenheiten zwischen den einzelnen Baumarten geltend, wenigstens nicht in regelmässiger, aus dem Wesen der jeweiligen bestandbildenden Holzart abzuleitender Weise.

In leztgenannter Jahreszeit übt auch die Meereshöhe keinen bestimmbaren Einfluss auf den Temperaturunterschied zwischen Feld und Wald mehr aus. Wenigstens verschwindet er für den Laubwald vollständig (vergl. Tabellchen 6 S. 37) und innerhalb der einzelnen in Tabelle 5 (S. 35) aufgeführten Nadelbestände bekunden sich völlig regellose Sprünge, die offenbar durch anderweitige, in der Atmosphäre liegende Witterungserscheinungen veranlasst sind: Der St. Johanner Fichtenbestand (760 m) ist blos um 0,3° kälter als das freie Ackerfeld, der Altenfurter (330 m) und der französische, in der allergeringsten Meereshöhe (100 m) befindliche Föhrenbestand (Thiers) gerade um das doppelte (0,6 bezw. 0,7°) kälter.

---

1) Vergl. Nördlinger, Mémoire sur les essences forestières de la Bretagne, 1845, S. 7: „L'étranger s'étonne grandement de trouver en plein hiver quelques branches de chêne garnies de leur verdure.... Les quelques semaines de froid ne détruisent qu'une partie du gazon."

4.) Für den Wald im allgemeinen, ohne Unterscheidung der verschiedenen Holzarten, beträgt die Abkühlungsziffer im Frühjahr und Herbste knapp die Hälfte der Sommerdifferenz, welch leztere das 4fache des im Winter zu Tage tretenden Temperaturunterschiedes zwischen der Feld- und Waldluft (0,4°) ausmacht, während sie im Durchschnitte für die gesamte Jahresperiode gerade noch einmal so viel, nämlich 0,8° beträgt.

Am Schlusse dieses den Einfluss der Bewaldung auf die Gesamttemperatur, also die Tages- sowohl als die Nachtwärme der Luft behandelnden Kapitels dürfte zweckmässig untersucht werden, inwieweit beide Temperaturarten beeinflusst sind, je nachdem man die Einwirkung des Waldes während der Vegetationsperiode, welche im allgemeinen die 9 Monate der drei Jahreszeiten Frühling, Sommer und Herbst umfasst, oder zur Zeit der Winterruhe betrachtet. Zu diesem Zwecke wurde aus den in den Tabellen 1 (S. 8) und 4 (S. 25) niedergelegten Ergebnissen nachstehende Tabelle 7 entworfen, welche über den

Einfluss des Waldes während der Vegetationsperiode und zur Zeit der Winterruhe

Aufschluss gibt, indem sie anzeigt, um wieviel Temperaturgrade über die Dauer der Hauptdünstungsthätigkeit der Blätter die bei Tag erkältende, bei Nacht erwärmende Wirkung der Bewaldung stärker oder schwächer als über die Dauer der Vegetationsruhe zum Ausdrucke gelangt.

(Tabelle siehe S. 42.)

Aus Tabelle 7 ist folgendes zu entnehmen:

Die nächtliche, in Erwärmung der Baumkrone — gegenüber dem sich viel mächtiger abkühlenden freien Felde — bestehende Wirksamkeit des Waldes, welche bekanntlich mit einem physiologischen Vorgange nicht in ursächlichen Zusammenhang zu bringen ist, gelangt zur Winterzeit, wo das Thermometer vielfach, nachts fast immer, unter Null steht, die nächtliche Wärmeausstrahlung somit beträchtlichere Dimensionen annehmen wird, auffallenderweise scheinbar weniger intensiv zur Geltung; $Bk > Fd$ ist um 0,5° kleiner als sonst, übrigens so gross wie die Abkühlung in der Baumkrone zur Zeit des täglichen Maximum während dieser Jahreszeit.

Wenn man sich jedoch erinnert, dass die in der Baumkrone erkältete Luft ins Waldinnere herabsinkt, somit das thatsächlich im Kronendach erzeugte Temperaturminimum nicht hier, sondern unten am Fusse der Bäume, in Kopfhöhe, gemessen wird, ist begreiflich

Tabelle 7.

Unterschiede zwischen der Lufttemperatur im Freien und im Walde während der Vegetationsperiode und zur Zeit der Winterruhe

	nachts		bei Tage						mg — nm	
	mi		ma		mg		nm			
	Bk > Fd	Kpf < Bk	Bk < Fd	Kpf < Bk	Bk < Fd	Kpf < Bk	Bk < Fd	Kpf < Bk	Bk < Fd	Kpf < Bk
Frühling ⎫ Sommer ⎬ Herbst ⎭	1,5	0,7	2,4	0,9	0.6	0,5	0,6	0,4	0,6	0,4
Winter	1,0	1,1	1,0	0,5	− 0,3	0,5	0.2	0,3	—	0,4
Differenz	0,5	−0,4	1,4	0,4	0,9	—	0,4	0,1	0,6	—

Bemerkungen. 1. Die Tabelle gibt an, um wieviel Grade die Waldluft in der Baumkrone bei Tag und Nacht wärmer ist als in Kopfhöhe (Kpf < Bk), bei Tag kälter (+) oder wärmer (−) (Bk < Fd), bei Nacht wärmer (Bk > Fd) ist als die Feldluft.
    2. Die Zahlen in der Reihe „Differenz" zeigen an, um wieviel Grade die Waldluft zur Zeit der Hauptdünstungsthätigkeit der Blätter in der Baumkrone bei Tage stärker abgekühlt (Bk < Fd), bei Nacht stärker erwärmt (Bk > Fd) wird als die Feldluft, in Kopfhöhe bei Tag und Nacht stärker (+) oder schwächer (−) abgekühlt wird als in der Baumkrone (Kpf < Bk).

warum Kpf < Bk im Winter um 0,4° grösser sich darstellt als zur Vegetationszeit, wo Kpf stets um 0,7 Grad niedriger als Bk gewesen ist.

    Um denselben Betrag ist der Wärmeunterschied Kpf < Bk zur Zeit des täglichen Maximum dort kleiner als hier. Die Abkühlung der Waldluft in Kopfhöhe rührt ja teilweise von dem kalten, infolge der Verdunstung in der Baumkrone entstandenen Luftstrom her, der sich den Tag über vom Gipfel der Bäume nach unten ins Waldinnere ergiesst (vergl. S. 6). Diese Kälte erzeugende Strömung wird im Winter über die Zeit des höchsten täglichen Thermometerstandes zwar stattfinden, aber keinesfalls von bedeutender Wirkung sein.

    Wenn trozdem Kpf < Bk mg so gross wie in der warmen Jahreszeit und im Winter über die Dauer des täglichen Wärmemaximum (= 0,5°) ist, so kann solches nur von der an Wintermorgen stattfindenden, wegen Transpirationsmangels möglichen, gesteigerten Wärmezufuhr in Bk herrühren. Dieser Vorgang allein konnte uns ja eine befriedigende Erklärung der S. 13 aufgestellten Regel für Wintermorgen: Kpf < Fd < Bk gewähren.

IV. Einfluss des Waldes auf die Jahresmittel der Luftwärme.

Die Temperaturerniedrigung, welche die Luft in Kopfhöhe (1,5 m vom Erdboden) das ganze Jahr hindurch infolge der Einflüsse des Waldes **bei Tag** im Vergleiche zum freien Ackerfeld erleidet und deren Entstehungsursachen in den früheren Abschnitten abgehandelt worden sind, beträgt laut Tabelle 1 (Rubrik „Mittel") S. 8 **1,5°** oder 18 Pzt., die Erhöhung der Nachttemperatur laut Tab. 4. S. 25 0,6° oder 46 Pzt., wenn man wieder die Temperatur der Feldluft = 100 sezt. Die nächtliche Erwärmung beläuft sich somit $\dfrac{\text{absolut}}{\text{in Prozenten}}$ auf $\dfrac{1/3}{\text{mehr als das doppelte}}$ der täglichen Abkühlung, ungefähr $\dfrac{1/3}{\text{das doppelte}}$ der Jahreserkältung zur Zeit des täglichen Wärmemaximum.

Die Lufttemperatur in der Baumkrone ist zwar ebenfalls, wenn auch in geringerem Masse, niedriger als im Freien, somit jahraus jahrein höher als im Waldinnern. Unter Zugrundelegung der mittleren jährlichen Temperatur beträgt die Differenz Kpf < Bk tags 0,5° oder 7 Pzt., nachts 0,8° oder 30 Pzt.

Merkwürdig ist eine Thatsache, welche die in genannter Tabelle enthaltenen Angaben offenbaren. Der Einfluss der Bewaldung auf das Jahresmittel der eigentlichen Tagestemperatur d. h. die Abkühlung, welche die Waldluft während des ganzen Jahres im „Mittel" bei Tag erleidet und die sich in Kopfhöhe auf 1,5°, in der Baumkrone auf 1,0° beziffert, ist nämlich gerade so stark wie die **Frühjahrserkältung**, sodann aber auch ganz genau ebenso gross wie der Einfluss des Waldes auf die höchsten täglichen Wärmegrade im Winter. Denn auch für die Zeit der täglichen Wintermaxima belaufen sich die Differenzen Kpf < Fd und Bk < Fd auf 1,5 resp. 1,0°, welche Wertbeträge vollkommen identisch sind mit den erstgenannten und daher wie diese durch fetten Druck kenntlich gemacht wurden.

Hieraus resultirt die Möglichkeit für das Frühjahr und den Durchschnitt der gesamten Jahresperiode die

Ermittelung des Waldeinflusses auf die eigentliche Tagestemperatur durch Anstellung von Maximabeobachtungen im Winter

durchzuführen.

Inwieweit die oben geschilderte Thatsache, dass die Temperaturunterschiede zwischen Fichtenwald und Ackerfeld, welche die in den 3 Wintermonaten Dezember, Januar, Februar erhobenen Maximatemperaturen zu Tage fördern, ziffermässig genau die Einwirkung des Waldes auf die eigentliche Tagestemperatur (mg — ma — nm) der Luft während der jährlichen Periode im ganzen und zugleich für den Frühling wiedergeben, die Praxis der forstlich-meteorologischen Beobachtungen in Zukunft beeinflussen wird, lässt sich vorerst nicht überschauen. Erst die Bearbeitung sämtlicher bis jezt vorliegenden, im Nadel- wie im Laubholze gewonnenen Untersuchungsergebnisse kann nach der Richtung Licht verbreiten, ob die konstatirte Gesezmässigkeit für den Wald im allgemeinen, nicht blos ein 50jähriges Fichtenbeständchen gilt, und vermag über die von mir für die Wärmeverhältnisse der schwäbischen Alb (S. 21) nachgewiesene Überflüssigkeit der Nachmittagsablesung eine definitive Entscheidung herbeizuführen. Doch möchte ich heute schon auf den grossen Gewinn aufmerksam machen, welcher mit dem Wegfall der Abendbeobachtungen überhaupt und der Temperaturmessungen zu forstlichen Zwecken während des weitaus grösseren Teiles des Jahres entstünde und Gelegenheit bieten würde, mit geringerem Aufwand an Arbeitskräften und Material zahlreichere Waldorte als bisher auf ihre klimatischen Eigentümlichkeiten zu untersuchen.

Ermittelt man die Stärke des Einflusses der Bewaldung auf die Gesamttemperatur der Luft (Rubrik „im ganzen" der Tafeln I und II und von Tabelle 1), so zeigt sich das Jahresmittel für Kpf um 1,0° oder 15 Prozent niedriger als für Fd, die Differenz Kpf < Bk gleich 0,6° = 10 Prozent.

Diese Temperaturunterschiede bleiben offenbar im Laufe mehrerer Jahre ziemlich konstant. Sie haben im Durchschnitte der drei Jahrgänge 1881/84 betragen:

Kpf < Fd um 0,9° = 13 Pzt.
Kpf < Bk „ 0,5° = 8 „ ,

welche Differenzen für den einzelnen Jahrgang, wie aus untenstehender kleiner Übersichtstabelle 8 ersichtlich, im höchsten Falle um $\frac{1}{10}$ Grad von diesem Mittel abweichen.

Tabelle 8.
Jahresmittel der Lufttemperatur zu St. Johann für verschiedene Jahrgänge

	im Freien (Fd)	im Walde		Differenz			
		in Kopfhöhe (Kpf)	in der Baumkrone (Bk)	Kpf < Fd		Kpf < Bk	
				abs.	pzt.	abs.	pzt.
1881/82	7,0	6,0	6,6	1,0	14	0,6	9
1882/83	7,0	6,2	6,6	0,8	11	0,4	6
1883/84	6,7	5,7	6,3	1,0	15	0,6	10
durchschnittlich	6,9	6,0	6,5	0,9	13	0,5	8

Bemerkungen. 1. Die Zahlen in der Rubrik „Differenz" zeigen an, um wieviel Grade die Waldluft kälter ist als die Feldluft (Kpf < Fd) und in Kopfhöhe kälter ist als in der Baumkrone (Kpf < Bk).
    2. Bei Berechnung des prozentischen Verhältnisses der Temperaturerniedrigung, welche die Waldluft im Vergleiche zur Feldluft erleidet, wurde die Temperatur der lezteren zu 100 angenommen.

Obige Konstanz der Temperaturunterschiede zwischen Wald und Feld innerhalb mehrerer Jahrgänge spricht gegen Fortführung allein zu forstlichen Zwecken dienender Beobachtungen durch einen längeren Zeitraum, auch wenn ab und zu anormale Witterungsverhältnisse in einzelnen Jahren vorliegen sollten. Und lezteres ist im verflossenen Jahrzehnt z. B. in Bezug auf abnorm geringen Schneefall im Winter öfters der Fall gewesen. Aber unsere forstlich-meteorologischen Doppelstationen bezwecken ja nicht — um dies hier zu wiederholen, vergl. S. 18 — Ermittelung der absoluten Wärmemittel einer gewissen im Wald oder in dessen Nähe befindlichen Örtlichkeit, deren wahre Durchschnittswerte erst nach langjährigen Aufzeichnungen gefunden werden können, sondern nur der Temperaturunterschiede zwischen Feld- und Waldluft. Sodann gehört die abnorme Witterung eines einzelnen Jahrgangs in vorderster Linie zu den S. 30 karakterisirten Momenten, von welchen die Wärmeverhältnisse in Wald und Feld in gleicher Weise beeinflusst werden, von denen somit a priori nicht anzunehmen ist, dass sie im Stande sein werden, die klimatische Verschiedenheit der Feld- und Waldlandschaft in ihren wesentlichen Punkten zu verrücken.

Nach Mathieu's Wahrnehmungen beträgt der Wärmeunterschied zwischen Holzbestand und Saatschule kaum $\frac{1}{2}°$, welche Ziffer identisch ist mit dem in Tabelle 5 (S. 35) für bairische und französische Laubwälder verschiedener Meereshöhe berechneten Generaldurchschnitte. Der Laubwald aber steht, wie wir S. 39 gesehen haben, namentlich in blattlosem Zustande, was seine Temperaturverhältnisse betrifft, zwischen dem freien Feld und dem Nadelwalde. Er ist im Mittel des ganzen Jahres um $\frac{1}{2}°$ wärmer als lezterer und somit im allgemeinen ebenfalls nur um den genannten Betrag kälter als das Ackerfeld oder eine Ödung.

Somit wird in der Regel die mittlere Jahreswärme im waldleeren Land etwas höher stehen als im bewaldeten, aber nicht wie Kämtz[1]) angenommen hat, durch Vorhandensein von Wäldern „wenig oder gar nicht geändert."

Ausser der in mässiger Abkühlung der Lufttemperatur beruhenden Wirkung haben wir in früheren Abschnitten eine weitere Leistung des Waldes kennen gelernt, welche darin besteht dass derselbe die höchsten Wärmegrade sowohl (tägliche Maxima), als die niedrigsten (nächtliche Minima) abschwächt oder m. a. W. die Temperaturextreme abstumpft, wie schon Krutzsch, Hundeshagen, Heyer und von Berg[2]) richtig erkannt haben. Diese Ansicht hat auch durch Ebermayer's Beobachtungen volle Bestätigung erfahren. Dabei ist zu bemerken, dass ebenso wie die Abkühlung der Waldluft bei Tage numerisch viel bedeutender ist als die nächtliche Erwärmung, auch die wohlthätige Milderung der Sommerhize die mehr indifferente Abschwächung der nächtlichen Winterkälte weit übersteigt.

Der geschlossene Hochwald weist also innerhalb seiner Peripherie ein eigentümliches Klima auf. Er gleicht mit seinem Einfluss auf die Luftwärme einem Ozean, wenn schon die Gründe der temperaturerniedrigenden Wirkung im Sommer und der Temperaturerhöhung in Sommer- und Winternächten hier und dort in von einander unabhängigen physikalischen Vorgängen liegen. Auch gelangt das Mass der zwei verschiedenen Thätigkeitsrichtungen, wie sie sich im Wald- und Littoralklima kundgeben, begreiflich nicht mit demselben ziffermässigen Effekte zum Ausdruck.

Früher, so lange das erforderliche Zahlenmaterial nicht zur Verfügung stand, konnte man, wie G. Heyer[3]) gethan, die Vergleichung des Einflusses der Wälder auf die Wärme eines Landes mit dem des Meeres als unbegründet hinstellen. In unseren Tagen ist dies nicht mehr möglich. Heute, wo die Resultate exakter mit dem Thermometer ausgeführter Temperaturmessungen vorliegen, können

---

1) Lehrbuch der Meteorologie, 1832, II. Bd., S. 82.
2) Vergl. kritische Blätter, 44 Bd., II. Heft, S. 157.
3) Lehrbuch der forstlichen Bodenkunde und Klimatologie, 1856, S. 549.

wir uns vollkommen Mathieu's Anschauungen anschliessen, der sich dahin ausspricht[1]), dass die Thätigkeit des Waldes
„tend à uniformiser le climat d'une contrée, à adoucir ce que, sans elle, il pourrait avoir d'excessif."

Bewaldung modifizirt sonach das schroffe Kontinentalklima einer Binnengegend im Verhältnisse der dem Waldareal in dem betreffenden Land eingeräumten Bodenfläche zum Gesamtterritorium derart, dass es sich dem gleichmässigeren der Küstenlandschaft nähert[2]). Man kann für Mitteleuropa den Saz aufstellen: „Waldklima" heisst bis zu einem gewissen Grade „Seeklima."

Sodann lässt die Frage nach dem Masse des durch die Wälder ausgeübten Einflusses auf das Klima ihrer nähern und weitern Umgebung[3]) erschöpfende Beantwortung nur bei Beurteilung der Wärmeverhältnisse der Atmosphäre im Zusammenhange mit anderen klimatischen Faktoren, besonders dem Wassergehalte der Luft, erwarten. Die Untersuchung des Einflusses des Waldes auf die Feuchtigkeitsverhältnisse einer Gegend fällt jedoch, wie bereits im Vorworte bemerkt wurde, über den dieser Arbeit gesteckten Rahmen hinaus.

Obige Ausführungen über Art und Wesen der Waldluft geben aber wenigstens die hauptsächlichsten Gesichtspunkte wieder, welche bei der Beeinflussung des Klimas durch den Wald mitspielen.

---

1) a. a. O. S. 23.
2) vergl. Lorenz, Lehrbuch der Klimatologie, 1874, S. 300.
3) vergl. östreich. Zentralblatt f. d. ges. Forstwesen, Jahrg. 1877, S. 413.

§ 2.
Einfluss des Waldes auf die Bodenwärme.

Ausser vergleichenden Messungen der Luftwärme werden an den forstlich-meteorologischen Stationen Beobachtungen über die Temperatur des Waldbodens für verschiedene Tiefen im Vergleiche zur Bodenwärme auf freiem Feld in denselben Tiefen, nämlich an der Erdoberfläche und um 0,15, 0,30, 0,60, 0,90 und 1,20 m unterhalb derselben, angestellt. Die Ablesungen erfolgen morgens und abends zu den für Ermittelung der Lufttemperatur eingehaltenen Beobachtungszeiten.

Das Kronendach eines geschlossenen Hochwaldes fängt die Sonnenstrahlen in erheblicher Masse auf, so dass jene nur in bescheidener Anzahl zum Erdboden gelangen, lezterer sonach nicht im Stand ist, in gleich intensiver Stärke wie der unbedeckte Feldboden sich zu erwärmen (vergl. S. 5). Daher kommt es, dass, wie in Abschnitt II gezeigt werden wird, die Bodentemperatur im Walde während der warmen Jahreszeit in der Regel niedriger steht als im Freien.

Vermag der Waldboden einerseits sich nicht stark zu erhizen, so ist er auf der anderen Seite im Gegensaze zum freiliegenden Ackerfeld oder einer Wiese auch wieder durch die Bedachung der Waldbäume vor weitgehender Erkältung infolge nächtlicher Wärmeausstrahlung oder des Einflusses der Winterkälte geschüzt. Darum steht die Bodentemperatur zur Winterzeit im Walde meist etwas höher als im Freien oder mindestens ebenso hoch als hier (vergl. S. 61).

Alle Einzelheiten der Wärmeverteilung im Wald- und Feldboden über das ganze Jahr sollen im folgenden zur Erörterung gelangen.

I. Einfluss des Waldes auf die täglichen Wärmeschwankungen im Boden.

Die Untersuchung monatlicher, zu den S. 3 angegebenen Tageszeiten erhobenen Durchschnittswerte, wie solche in Tafel III aus den Beobachtungsergebnissen des Jahres 1883/84 berechnet worden sind, ergibt die Wahrnehmung, dass die mittlere Monatstemperatur des unbedeckten Ackerbodens durch die täglichen Einwirkungen des Sonnenstands in den Monaten September bis Februar schon bei einer Tiefe von $1\frac{1}{4}$ dm fast gänzlich unbeeinflusst bleibt. In grösseren Tiefen kommen sie überhaupt nicht zur Geltung.

Der Feldboden erscheint also im Herbst und Winter, bei obiger Tiefe, vm und nm[1]) annähernd gleich hoch temperirt, d. h. vom Wechsel der Tages- und Nachttemperatur nicht mehr beeinflusst, während ein allgemeiner Erfahrungssaz der Meteorologie die Tiefe, bis zu welcher äussersten Falles die täglich zu beobachtenden Veränderungen der Lufttemperatur im Erdboden überhaupt reichen können, auf beinahe 1 m festsezt.[2])

In den Monaten März bis August machen die in Rede stehenden Einflüsse bei $1\frac{1}{4}$ dm im freien Ackerboden sich noch deutlich bemerkbar. Der Temperaturunterschied, um welchen hier der Feldboden nm wärmer ist als morgens, beträgt

  im Frühjahre durchschnittlich ungefähr 0,3°
  „ Sommer   „   „   0,4°.

Für den Boden eines geschlossenen Waldbestandes gilt obiger Saz vom Verschwinden der täglichen Wärmeschwankungen in der mehrerwähnten Tiefe auch noch in den Monaten März bis Juli. Nur im August, nachdem der die meiste Wärme zuführende Monat Juli vorbeigegangen ist, lässt sich im Walde noch eine Differenz von 0,2° in oben gedachtem Sinn erkennen.

Dass dieser Unterschied sich nicht schon früher im heissesten Monate selbst geltend macht, sondern erst jezt, kann nicht überraschen. Offenbar muss der Wald vermöge seines schüzenden, direkt insolirende Thätigkeit der Sonnenstrahlen einschränkenden Kronendachs auf den normalen Gang der Wärmeverteilung in der Art modifizirend wirken, dass unterhalb der Erdoberfläche die Einflüsse der Bestrahlung viel später als auf freiem Felde zur Geltung kommen.

Dort werden leztere begreiflicherweise auch nicht so intensiv wie hier auftreten. Es ist die oben zwischen der vm- und nm-Beobachtung für den Wald konstatirte Differenz nur halb so gross als die für die Sommermonate auf nicht bewaldetem Ackerfelde eruirte.

---

1) Die in den nächsten Abschnitten oft wiederkehrenden Worte vormittags und nachmittags werden durch vm und nm abgekürzt.
2) Vergl. Schmid's Lehrbuch der Meteorologie, 1860, S. 144, sowie Hann a. a. O. S. 32.

Im gesamten Jahresdurchschnitte beträgt diese Plus-Differenz für die nm-Temperatur noch 0,2°. während im Waldjahresmittel der genannten Tiefe der nur für den Monat August zu beobachtende Unterschied aus naheliegenden Gründen gänzlich verschwunden ist.

In 3 dm machen sich somit die täglichen Schwankungen auch auf freiem Felde nicht mehr geltend. Hier scheint sogar ein gegenteiliger Vorgang sich abzuspielen. Dort ist nämlich während der Herbstmonate nm der Erdboden um 0,1° kälter als morgens. Eine Erklärung für diese Thatsache, welche auch im Jahresmittel zu Tage tritt, ergibt sich aus folgenden Betrachtungen.

Nach der Fourier-Poisson'schen Theorie über die Wärmeleitung an der Oberfläche und im Erdinnern, deren Hypothesen sich bei Prüfung an der Hand wirklicher Beobachtungen bis ins einzelne bewährt haben sollen[1]), pflanzen sich die täglichen Temperaturschwankungen mit einer mittleren Geschwindigkeit von 28 Stunden für 1 m fort. Allerdings wird an der Bodenoberfläche das Temperaturminimum nicht gemessen. Aber die nächtliche Ausstrahlung macht sich noch um 8 Uhr[2]) morgens deutlich bemerkbar, um welche Tageszeit der Boden an der Oberfläche um 0,9° kälter ist als in 1½ dm. In welcher Tiefe wird nun diese Nachwirkung des nächtlichen Wärmeverlustes nachmittags 5 Uhr[2]), also nach 9 Stunden, wo zum zweiten Male beobachtet wird, zu verspüren sein, wenn ihre Fortpflanzung mit der angeführten Geschwindigkeit vor sich geht? Dies muss offenbar in einer Tiefe von $\frac{9}{28} = 0{,}3$ m der Fall sein, also genau in unserer III. Bodenetage, wo sich in der That, wie wir gesehen haben, eine wenn gleich minimale Temperaturabnahme vorfindet.

Auch Ebermayer konstatirt (a. a. O. S. 66) diese Thatsache, jedoch ohne nähere Motivirung für die doppelte Bodentiefe, indem er sich dahin ausspricht, dass „die durch die nächtliche Ausstrahlung verursachte Temperaturerniedrigung erst in den Nachmittagsstunden in 2 Fuss Tiefe anlange". Jedenfalls wird die Fortpflanzungsgeschwindigkeit von der physikalischen Bodenbeschaffenheit (Strukturverhältnisse, Feuchtigkeit u. s. w.) in erheblichem Mass abhängig sein.

Dieselbe Wahrnehmung lässt sich im Walde machen. Wenn übrigens das Thermometer hier morgens noch um einen etwas

---

1) Vergl. Schmid a. a. O. S. 172.
2) Weil zu St. Johann sommers morgens 7 Uhr und abends 6 Uhr, winters 9 und 4 Uhr beobachtet wird, erscheint die Annahme einer mittleren Beobachtungszeit vormittags 8 Uhr und nachmittags 5 Uhr nicht ungerechtfertigt.

grösseren Betrag (1,1°) an der Oberfläche niedriger steht als in 15 cm Tiefe, so rührt dies nicht etwa von kräftigerer nächtlicher Strahlung des Waldbodens her. Lezterer ist vielmehr vor starken hiedurch herbeizuführenden Wärmeverlusten durch den Schuz des Holzbestandes bewahrt. Obiger Unterschied ist nur aus dem Grunde grösser als für den Feldboden, weil, wie eingangs ausgeführt wurde, die Insolation so gut als die Wirkung der nächtlichen Ausstrahlung im Walde sich später geltend machen muss. Gegen das Erdinnere aber kann diese sich, von der Oberfläche aus, im Waldboden mit derselben Geschwindigkeit fortpflanzen. In St. Johann ist unter Holz wie auf freiem Feld im Herbste der Boden in 3 dm Tiefe abends 5 Uhr um 0,1° kälter als morgens 8 Uhr. Dass diese Erscheinung nur während genannter Jahreszeit vorkommt, wird erklärlich, wenn man bedenkt, dass im Boden die Temperaturunterschiede zwischen täglicher Erwärmung und nächtlicher Ausstrahlung nicht wie für die Luft in den heissesten Monaten, sondern aus den eben ausgesprochenen Gründen erst später am grössten sein müssen.

An der Oberfläche sind selbstredend die täglichen Wärmeschwankungen am stärksten, der Boden ist hier das ganze Jahr hindurch nm wärmer als vm, und zwar tritt dieses Verhältnis im Frühjahr am meisten zu Tage, was nicht auffallen kann, weil in dieser Jahreszeit die Temperaturzunahme rasch vor sich geht, während im Boden noch teilweise die Winterkälte steckt, wie sich schon aus der Abnahme der Bodentemperatur von oben nach dem Erdinnern ergibt.

Wie hoch sich die täglichen Schwankungen für die einzelnen Monate belaufen, ist in Hinsicht auf die Vorgänge an der Erdoberfläche der Tafel III, in den verschiedenen Bodenschichten (zu welchen die einzelnen Tiefen laut Angabe auf S 54 zusammengefasst worden sind) der Tafel IV zu entnehmen. Die Reproduktion ihrer Durchschnittswerte für die verschiedenen Jahreszeiten schien mir zu genügen. Auf diese Weise ist untenstehende Tabelle 9 entstanden, aus welcher sich folgende Gesezmässigkeiten zu Tage fördern lassen.
(Tabelle siehe S. 52.)

An der Oberfläche waren die täglichen Schwankungen der Bodentemperatur im Walde durchschnittlich $\frac{1}{4}°$ kleiner als auf freiem Felde. Dieser Wärmeunterschied nimmt beständig ab, auf je tiefere Bodenschichten man die Untersuchung ausdehnt, da die an sich mit wachsender Tiefe stets geringer werdenden Schwankungen mit dem Eindringen ins Erdinnere für Wald und Feld immer näher zusammenrücken.

In Tiefen von mehr als $\frac{1}{2}m$ haben, wie wir früher gesehen, die

Tabelle 9.

Tägliche Schwankungen der Bodentemperatur im Freien (F) und im Walde (W)

	an der Oberfläche			bis zu $1/6$ m			bis zu $1/2$ m			bis zu 1 m			bis zu $5/4$ m		
	F	W	Diff.	F	W	Diff.	F	W	Diff.	F	W	Diff.	F	W	Diff.
Frühling	2,3	1,7	0,6	1,2	0,9	0,3	0,8	0,6	0,2	0,5	0,3	0,2	0,4	0,3	0,1
Sommer	1,8	1,6	0,2	1,1	0,8	0,3	0,7	0,6	0,1	0,5	0,3	0,2	0,4	0,2	0,2
Herbst......	1,7	1,1	0,6	0,9	0,5	0,4	0,5	0,4	0,1	0,3	0,1	0,2	0,2	0,2	—
Winter	1,8	1,2	0,6	0,8	0,5	0,3	0,6	0,4	0,2	0,4	0,2	0,2	0,4	0,3	0,1
Jahresmittel...	1,9	1,4	0,5	1,0	0,6	0,4	0,6	0,5	0,1	0,4	0,2	0,2	0,3	0,2	0,1

Bemerkungen. 1. Diese Tabelle gibt an, um wieviel Grade der Erdboden nachmittags wärmer ist als morgens.

2\. Die Zahlen in den Rubriken „Differenz" zeigen die Temperaturgrade an, um welche die täglichen Wärmeschwankungen im Waldboden geringer sind als im unbedeckten Ackerboden.

täglichen Schwankungen längst aufgehört. Trozdem lassen obige Zahlen bei Untersuchung des Wärmeganges bis zu den tiefsten Schichten — sofern man leztere nicht für sich allein betrachtet — scheinbar durchweg Unterschiede zwischen der Vor- und Nachmittagstemperatur erkennen. Der Grund hiefür liegt in der Zusammenfassung der in der Tiefe beobachteten Zahlengrössen (ohne Schwankung) mit aus oberen Tiefen stammenden, dieselbe aufweisenden Zahlen behufs Herstellung richtiger Durchschnittstemperaturen für die gesamte untersuchte Bodentiefe („bis zu $\frac{5}{4}$ m") oder einzelne Partien der lezteren.

In vollem Masse bestätigt sich also die von Ebermayer konstatirte Thatsache (a. a. O. S. 67), dass im bewaldeten Boden die täglichen Temperaturunterschiede in sämtlichen Tiefen (soweit sie überhaupt noch Einfluss ausüben) und ebenso an der Oberfläche wesentlich geringer als in nicht bewaldetem sich darstellen. Der Wald schwächt sonach die Extreme der Bodentemperatur und vermindert ihre Verbreitung in die Tiefe.

II. Einfluss des Waldes auf die Monatmittel der Bodentemperatur.

Ein Blick auf die in Tafel III niedergelegten Monatmittel der Bodentemperatur zeigt, dass leztere im Walde während der warmen Jahreszeit meist niedriger ist als im Freien. Bezeichnet man in ähnlicher Weise wie bei Besprechung der Lufttemperatur in § 2 die Temperatur des Feldbodens mit Fb, die des Waldbodens mit Wb, so wird obige Thatsache durch die Formel ausgedrückt: Wb < Fb, welche demnach besagt:

Der Waldboden ist kälter als das freie Ackerfeld.

Dieses

A. allgemeine Sommergesez: Wb < Fb

gilt

1.) den ganzen Tag über von morgens bis abends

a) an der Oberfläche sowohl als in allen tiefer gelegenen Schichten

während der Frühlings-, Sommer- und Herbstmonate (März bis November), sofern nicht der März, wie im Jahr 1883 vorgekommen, winterlichen Karakter annimmt (vergl. Ziff. c), was in andern Jahren, z. B. 1884, nicht der Fall gewesen ist (vergl. B. 1. c.)

α) Verhalten der verschiedenen Bodentiefen.

Wie gross die abkühlende Wirkung des Waldes in den einzelnen Monaten vm und nm für die verschiedenen Bodentiefen ist, mag aus Tafel III ersehen werden, wo unter der jeweiligen Temperatur des freien Feldes stets die entsprechende des Waldbodens verzeichnet wurde.

Der Einfluss der täglichen Schwankungen auf die Höhe des genannten Unterschiedes macht sich bis zu einer Tiefe von $\frac{1}{2} m$ geltend, somit blos innerhalb der 3 obersten Etagen unseres Beobachtungsbereiches. Dass er, wenn man den Feld- und Waldboden je für sich betrachtet, dort schon mit ca. $\frac{1}{3} m$, hier bereits in $\frac{1}{4} m$ fast vollständig — exkl. August — verschwindet, wurde oben dargethan.

Um wieviel Grade im allgemeinen der Waldboden bis zu $\frac{1}{2} m$ Tiefe kälter ist als der nicht bewaldete Ackerboden, lässt sich aus den in Tafel III gemachten Angaben ermitteln, indem man für die daselbst niedergelegten vm- und nm-Beobachtungen der drei obersten Etagen den Durchschnitt der hier in Betracht kommenden Frühlings-, Sommer- und Herbst-Differenzen zieht. Demnach war während der warmen Jahreszeit (1. März bis 30. November 1883)

$Wb < Fb$

(I) an der Oberfläche vm um 1,8°, nm um 2,2°
(II) in 1½ dm Tiefe „ „ 1,7°, „ „ 1,9°
(III) „ 3 „ „ vm und nm um 1,9°

In eben angeführter Tiefe machen sich die täglichen Schwankungen (wie aus Tabelle 10, S. 63 hervorgeht) nur noch während der eigentlichen Sommermonate ganz schwach, nämlich in dem minimalen Betrage von 0,1° bemerkbar, um welchen Temperaturunterschied der Waldboden im Vergleiche zum freien Ackerfelde nachmittags mehr abgekühlt wurde als vormittags.

β) **Verhalten der einzelnen Bodenschichten.**

Die in den verschiedenen Tiefen ermittelten Temperaturen dürfen nicht ausschliesslich für die betreffende Etage allein gelten, sondern sind auch für die Ermittelung der Wärmeverhältnisse in oberhalb und unterhalb derselben gelegenen, mehr oder weniger breiten Regionen zu gebrauchen. Da wo leztere zusammenstossen, wird sich gewissermassen eine Übergangszone bilden, in welcher die Wirkungen der verschiedenen Zustände allmählich in einander fliessen. Ob die folgende Unterstellung berechtigt ist oder nicht, bleibe dahingestellt. Sie erscheint wenigstens zweckmässig, weil sie die Operation mit einfachen Verhältnissen gestattet. Jedenfalls werden die auf solche Weise gewonnenen Anschauungen den Vorgängen in der Wirklichkeit ziemlich nahe kommen.

Es sei angenommen:

die an der Oberfl. ermittelten Gesezmässigkeiten gelten bis zu $\frac{1}{8} dm$ Tiefe
„ in 0,15 m Tiefe „ „ „ „ „ $\frac{1}{8} m$ „
„ „ 0,30 „ „ „ „ „ „ $\frac{1}{2}$ „ „
„ „ 0,60 „ „ „ „ „ „ $\frac{3}{4}$ „ „
„ „ 0,90 „ „ „ „ „ „ 1 „ „
„ „ 1,20 „ . „ „ „ „ „ $\frac{5}{4}$ „ „

Aufschluss über die Wärmeverteilung innerhalb der einzelnen nach obigem Schema unterschiedenen Stockwerke der untersuchten Erdrindepartie gewährt Taf. IV. Diese enthält sowohl für die zwei obersten (a), bis auf $\frac{1}{2} m$ wirkenden, als für die drei obersten (b), $\frac{3}{4} m$ umfassenden Schichten[1]) sämtliche Monatmittel der vm-

---

1) Ich unterscheide nach dem Gesagten „Tiefe" und „Schichte". Leztere entsteht durch Verbindung zweier oder mehrerer Bodentiefen.

und nm-Beobachtung; ferner für die fünf obersten (c), einen Raum bis zu 1 m umspannenden, sowie für sämtliche sechs, bis auf ¼ m hinab wirkenden Tiefen (d) wenigstens die Mitteltemperaturen der vier Jahreszeiten, ebenfalls getrennt nach vm- und nm-Aufzeichnungen für den Feld- und Waldboden.

Ermittelt man wie oben den Durchschnitt der 9 Monate März bis November aus den besonders angegebenen Differenzen für die drei warmen Jahreszeiten, so bekunden sich folgende Thatsachen:

$$Wb < Fb$$

(a) bis zu ⅕ m vm um 1,6°, nm um 2,0°
(b) „ „ ½ „ „ „ 1,8°, „ „ 2,0°
(c) „ „ 1 „ „ „ 2,0°, „ „ 2,2°
(d) „ „ ⁵⁄₄ „ „ „ 2,0°, „ „ 2,1°

Wie ersichtlich ändert sich das relative Verhältnis zwischen Wald und Feld im grossen Durchschnitte nicht erheblich, wenn man zu dem Ergebnisse der zwei obersten Schichten (a) noch das der dritten hinzunimmt (b) oder die Resultate der fünf obersten Etagen (c) allein berücksichtigt und dasjenige der sechsten (untersten) noch mit in Rechnung zieht (d).

γ) Tagesmittel der Bodentemperatur

aa) in den einzelnen Tiefen.

Betrachtet man die mittlere Tagestemperatur, welche aus der Addirung der vm- und nm-Grössen (als deren algebraische Summe) entstanden, den Einfluss der täglichen Wärmeschwankungen nicht mehr zum Ausdrucke bringt, so ist bei abermaliger Ermittelung der Durchschnittswerte für die drei in der Rubrik „Mittel" der S. 63 befindlichen Tabelle enthaltenen Frühjahr-, Sommer- und Herbstangaben während der wärmeren Jahreszeit im allgemeinen

$$Wb < Fb$$

(I) an der Oberfläche um 2,0°
(II) in 1½ dm Tiefe „ 1,8°
(III) „ 3 „ „ „ 1,9°, welche Unterschiede

selbstverständlich wie die oben unter α) für die vm- und nm-Beobachtung ermittelten Daten, aus denen jene entstanden sind, nicht weit aus einander gehen.

bb) Tagesmittel der verschiedenen Bodenschichten.

In Tafel IV wurden für die daselbst aufgeführten Einzelbeobachtungen unter A — D Tagesmittel gebildet. Aus den dortigen Angaben, welche zugleich die Wärmeunterschiede zwischen dem

Feld- und Waldboden umfassen, erhellt, dass in den 9 Monaten
März bis November

$$Wb < Fb$$

von der Oberfläche an

(A) bis zu $\frac{1}{5} m$ um 1,8° d. i. 19 Pzt. ⎫
(B) „ „ $\frac{1}{2}$ „ „ 1,9° „ „ 20 „ ⎪ (Temperatur des
(C) „ „ 1 „ „ 2,1° „ „ 23 „ ⎬ Feldbodens zu
(D) „ „ $\frac{4}{4}$ „ „ 2,0 „ „ 22 „ ⎭ 100 angenomm.).

Von $\frac{1}{2} m$ Tiefe an beträgt diese Differenz laut Tabelle 10 von morgens bis abends im Mittel 2,2°.

Leztere Zahl erscheint auch bei Berechnung der Durchschnittsdifferenz für die entsprechende Schicht (F auf Tafel IV) vom Frühjahre bis zum Herbst je einschliesslich.

Untersucht man gemeinsam mit den eben besprochenen drei Tiefen die zwei nächstobern Etagen, lässt somit nur die Vorgänge an der Oberfläche ausser Acht, wo bekanntlich die täglichen Schwankungen am intensivsten auftreten, d. h. betrachtet nur die Wärmeverhältnisse der 5 untersten Stockwerke des eigentlichen Bodeninnern von $\frac{1}{2} dm$ an, so ist hier während desselben Zeitraums (vergl. E in Taf. IV) durchaus Wb um 2,0° $<$ Fb. Dieses Verhältnis schliesst sich eng an das eben besprochene an, von dem es nur ganz unbedeutend abweicht.

Aus den bisherigen Ausführungen geht u. a. die Thatsache hervor, dass die besprochenen Monate in ihrem durchschnittlichen Verhalten in Bezug auf die Frage der Wärmeverteilung zwischen Wald- und Feldboden nur quantitativ verschieden sich zeigen, insofern in jedem einzelnen von ihnen — auch im März, falls er nicht winterlicher Natur — das oben analysirte allgemeine Sommergesez: Wb $<$ Fb gilt und nur die Grösse dieser Differenz mit den einzelnen Monaten wechselt. (Die Stärke des Wechsels innerhalb der verschiedenen Jahreszeiten wird in einem späteren Abschnitte zur Besprechung kommen).

Anders im Winter! Die drei Monate Dezember, Januar und Februar unterscheiden sich auch qualitativ in der erwähnten Richtung nicht unwesentlich von einander.

Daher soll in den folgenden Abschnitten, wo solches notwendig schien oder überhaupt möglich war, die Beschreibung der Bodentemperaturverhältnisse in der Weise geschehen, dass durchweg zuerst die vereinzelten Spezialerscheinungen zur Darstellung gelangen, an welche sich alsdann das mittlere Verhalten des ganzen Winters, wie es sich aus der durchschnittlichen Gesamtwirkung der drei denselben zusammensezenden Monate ableiten lässt, anzuschliessen hätte.

Ausser während des oben geschilderten grösseren Teiles des Jahres gilt das allgemeine Sommergesez
$$Wb < Fb$$
von morgens bis abends

b) in Bodentiefen von mehr als $\frac{1}{4}\,m$

in den Wintermonaten mit Ausschluss des Februar (vergl. B. 1. b.)

Es hat betragen im Mittel der 3 Beobachtungen in den Etagen IV bis VI

	Fb	Wb
im Dezember	4,2°	3,7°
„ Januar	3,2°	2,8°
durchschnittlich	3,7°	3,2°

In den zwei strengsten Wintermonaten ist also $Wb < Fb$ um $\frac{1}{2}$° im Durchschnitte der drei untersten Etagen, im ganzen Winter durchschnittlich um 0,3° (vergl. Taf. IV, F), ungeachtet der nach entgegengesezter Richtung hinzielenden Februarwirkung.

Bei Hinzufügung der zwei zunächst nach oben gelegenen Stockwerke (E von Tafel IV) gelangt man in den Geltungsbezirk des Wintergesezes: $Wb \geq Fb$ (vergl. B. 2. a.)

c) Im März

ist, wenn dieser Monat ausnahmsweise, wie pro 1883, winterlichen Karakter annimmt (vergl. Ziff. a und B. 1. c) $Wb < Fb$ nur:

α) an der Oberfläche (Taf. III)

vm um 0,3°, nm um 0,8°, durchschnittlich also um 0,5° = der eventuellen Oberflächenabkühlung an Winternachmittagen (vergl. 2. a.).

Aus den zwei untersten Tiefen berechnet sich nach Taf. III Fb zu 2,3°, Wb zu 2,2°, somit ist
$$Wb < Fb$$

β) von beiläufig $\frac{3}{4}\,m$ an abwärts

den ganzen Tag über um 0,1° = der Gesamtabkühlung im Winter für sämtliche Bodenschichten (vergl. Taf. IV, D).

2.) Nur nachmittags an der Oberfläche

a) an solchen Wintertagen (Dezember bis Februar), wo der vm noch gefrorene, also tiefer als der (nicht gefrorene) Waldboden temperirte Ackerboden (vergl. B. 2. a) infolge stärkrer Insolation durch die Mittagssonne auftaut: Januar und Februar (Taf. III).

$Wb < Fb$

im Januar um 0,4°
„ Februar „ 0,6°

durchschnittlich um 0,5° = nahe $\frac{1}{4}$ ⎫ der Oberflächenabkühlung an
im Winter 83/84 „ 0,3 = „ $\frac{1}{7}$ ⎭ Sommernachmittagen,
welche, wie oben unter 1. a. α. gezeigt wurde, 2,2° beträgt.

Ausserdem war im ganzen Winter $Wb < Fb$ in folgenden Schichten, bei welchen die Temperatur der Oberfläche mit in Rechnung kommt, (Taf. IV) nachmittags

(c) bis zu 1 m um 0,1°
(d) „ „ $\frac{1}{4}$ „ „ 0,1°.

Was den gesamten Tagesverlauf betrifft, so ist
$Wb < Fb$

α) an der Oberfläche
im Januar und Februar je um 0,1° (Taf. III)

β) in verschiedenen Schichten (Taf. IV)
(C) bis zu 1 m gilt B. 2. a.
(D) „ „ $\frac{1}{4}$ „ um 0,1°, wobei der die Erkältung des Waldbodens fördernde Umstand zu beachten ist, dass troz gegenteiliger Februarwirkung winters von $\frac{1}{2}$ m Tiefe an Wb stets $<$ Fb (vergl. Ziff. 1. b.).

Im übrigen ist B. 1. b. zu berücksichtigen.

$Wb < Fb$

gilt aber auch nachmittags an der Oberfläche

b) an solchen Wintertagen, wo der Boden zwar vm nicht mehr gefroren, aber aus besonderen Gründen auf freiem Felde sich morgens nicht stärker als der Waldboden zu erwärmen im Stand ist (vergl. B. 2 b.), sondern hiezu erst durch die Nachmittagssonne veranlasst wird: Februar 1883 (welchen Monat ich dieser Besonderheit wegen hier anführe, wiewohl die während seiner Dauer beobachteten Temperaturen in Tafel III keine Aufnahme gefunden haben, da er sonst keine karaktistische Eigentümlichkeit bietet).

Hier war $Wb < Fb$ an der Oberfläche um 1,1° nachmittags, im Tagesmittel um 0,5°, welcher Temperaturunterschied genau dem soeben für die eigentlichen Winternachmittage berechneten Zahlenausdruck gleichkommt.

Im Winter ist der Waldboden in der Regel (exkl. 1. b.) etwas wärmer als der nicht bewaldete Ackerboden oder doch zum allermindesten gleich hoch mit lezterem temperirt, somit in Tiefen bis zu $\frac{1}{2}$ m keinenfalls kälter als jener. Die Formel, welche dieses Verhältnis veranschaulicht, lautet Wb $\geq$ Fb und dieses allgemeine

gilt:
B) **Wintergesez:** Wb $\geq$ Fb

1.) den ganzen Tag über

a) bis zu $\frac{1}{2}$ m Bodentiefe

während der eigentlichen Wintermonate (Dezember bis Februar), an der Oberfläche nm jedoch nur dann, wenn der Boden troz der Wirkung der Mittagssonne (vergl. A. 2.) den ganzen Tag gefroren bleibt: Januar und Dezember 1883.

(Ist der Boden nicht gefroren, vergl. 2. b.)

Und zwar ist Wb $>$ Fb:

	vm	nm	
im Januar um	0.4°	0,1°	In Betreff dieser beiden Monate ist das-
„ Dezember „	0,4	0,1	selbe wie über den Monat Februar des
im Mittel um	0,4°	0,1°,	gleichen Jahrgangs (S. 58) zu sagen.

durchschnittlich somit von morgens bis abends um 0,3°.

Die Erwärmung (oder besser gesagt „geschwächte Erkaltung") des gefrorenen Waldbodens an der Oberfläche ist hier quantitativ gerade so gross als die nachmittägliche Abkühlung bei nicht gefrorenem Boden (vergl. A. 2. a.) und beträgt ungefähr $\frac{1}{7}$ der Oberflächenabkühlung an Sommertagen (2,0° laut A. 1. a. γ. aa.).

Die oben bei Aufzählung der Sommererscheinungen durchgeführte Trennung nach Vorgängen in „Tiefen" und „Schichten" wurde auch im folgenden beibehalten.

Wb $>$ Fb im Winter 1883/84:

α) in verschiedenen Bodentiefen (lt. Tab. 10, S. 63)
   (I) Oberfläche siehe Ziff. 2. a. und A. 2. a.
   (II) in 1$\frac{1}{2}$ dm vm um 0,3°, nm um 0,2°
   (III) „ 3 „ vm und nm um 0,3°
β) innerhalb einzelner Schichten (lt. Taf. IV)
   (a) bis zu $\frac{1}{5}$ m vm um 0,3°, nm Wb $=$ Fb $=$ 1,3°
   (b) „ „ $\frac{1}{2}$ „ „ „ 0,3°, „ um 0,1°.

Unter Zugrundelegung von

Tagesmitteln

α) der verschiedenen Tiefen
   (I) an der Oberfläche Wb $=$ Fb $=$ 0,2° (Taf. III)
   (II) in 1$\frac{1}{2}$ dm um 0,2° ⎫
   (III) „ 3 „ „ 0,3° ⎬ (Tab. 10.)

β) einzelner Schichten
        (A) bis zu $\frac{1}{5} m$ um 0,1°
        (B) „ „ $\frac{1}{4}$ „ „ 0,2°

Das Wintergesez Wb > Fb gilt ferner den ganzen Tag über:

b) von ca. $\frac{1}{4} m$ abwärts im Februar (vergl. A. 1. b.)

Die Differenz beträgt lt. F von Tafel IV 0,1°, d. h. der Waldboden ist im Februar in Tiefen von mehr als $\frac{1}{4} m$ um ebensoviel wärmer, als er während des ganzen Winters in allen Schichten zusammen kälter ist als das freie Feld (vergl. D von Taf. IV). Die Gesamtwirkung des Februar allein besteht in einem Wärmeplus von 0,2°, muss jedoch vor dem erkältenden Einflusse der beiden andern Wintermonate zurücktreten (vergl. auch Ziff c.).

c) von $\frac{1}{20}$ bis $\frac{1}{4} m$ im März,

sofern dieser Monat infolge Kälterückschlags in den eben aufgezählten Tiefen winterlichen Karakter annimmt und demzufolge in diesen Bodenregionen der allgemeinen Sommerregel Wb < Fb nicht wie sonst gehorcht (vergl. A. 1. c.)

Dieser winterliche Karakter offenbart sich schon äusserlich darin, dass der Erdboden an der Oberfläche in Feld und Wald den ganzen Tag gefroren bleibt.

Zusammenfassung der Etagen II—IV (Taf. III) ergibt für Fb < Wb 0,2°, während der März 1884, bei welchem winterlicher Karakter nicht vorliegt (vergl. A. 1. a.), für dieselbe Schichte Fb = 3,4°, Wb = 3,1°, somit Fb > Wb um 0,3° aufweist, entsprechend dem allgemeinen Sommergesez.

Obiges anormale Verhalten des März 1883, dessen quantitative Wirkung ziemlich geringfügig ist, verschwindet aus diesem Grunde in der normalen Frühjahrsdifferenz.

In eben behandeltem Falle eines ausserordentlichen Kälterückschlags funktionirt er offenbar wie sonst der Februar (vergl. Ziff. b) als Uebergangsmonat zur warmen Jahreszeit. Eine wesentliche Differenz zwischen beiden bestünde aber darin, dass hier der Erwärmungsfaktor für die in Rede stehenden drei Schichten sich auf 0,5°, also mehr als das Doppelte vom dortigen berechnet. Sodann liegt ein durchgreifender Unterschied nach wie vor in der Thatsache, dass

α) im März an der Oberfläche in Bezug auf das relative Verhältnis zwischen Fb und Wb troz der negativen Bodentemperatur bereits die Sommerregel Plaz gegriffen hat (vergl. A. 1. c. α.), wie dies in Beziehung auf die Gesamtwirkung übrigens auch schon für den Februar konstatirt werden konnte (vergl. A. 2. a. α),

β) von ca. $\frac{3}{4}$ m an das für den **Februar** als Übergangsmonat ausschliesslich geltende **Wintergesez** (vergl. A. 1. b.) seine Wirksamkeit bereits verloren hat Während nämlich für die beiden untersten Schichten dieser Monat noch
$$Fb = 3{,}2°,\ Wb = 3{,}3°,\ \text{somit}\ Wb > Fb\ \text{um}\ 0{,}1°$$
aufweist, beträgt im März (vergl. A. 1. c. β.) in diesen tiefsten Etagen die Waldbodenabkühlung gerade soviel (es ist ja Fb = 2,3, Wb = 2,2), wobei zu bemerken, dass das Erdinnere naturgemäss im März nicht wie hier kälter als beim Februar sich darstellt (dies ist eben Folge des mehrerwähnten Kälterückschlags im Frühjahr 1883), sondern wärmer: Im März 1884 stand das Thermometer normal durch alle Tiefen höher als im vorausgegangenen Monat.

Nicht von morgens bis abends, sondern

2.) nur vormittags überall bis zu $\frac{1}{2}$ m Tiefe

(nm an der Oberfläche nicht — doch weiter nach innen bis zur ebengenannten Grenze entspr. Ziff. 1. a. —)

a) an solchen **Wintertagen**,

wo der wenigstens im Freien vm noch etwas gefrorene **Erdboden** nm auftaut (vergl. A. 2. a.): Januar und Februar 1884 (lt. Tafel III).

Wb > Fb vm an der Oberfläche:
    im Januar 1884 um 0,2°
    „ Februar 1884 „ 0,3°
    durchschnittlich „ 0,3° = der gesamten Winterdifferenz 1883/84 an der Oberfläche = $\frac{1}{6}$ der vormittäglichen Erkältungsziffer während der warmen Jahreszeit, welche laut A. 1. a. α. (I) 1,8° beträgt;

in folgenden Schichten, bei welchen die Temperatur der Bodenoberfläche hereinspielt (vergl. Taf. IV),
    (c) bis zu 1 m um 0,1°
    (d) „ „ $\frac{1}{4}$ „ „ Wb = Fb = 2,1°.

Im gesamten Tagesverlaufe:
    (C) bis zu 1 m Wb = Fb = 1,9°
    (E) von $\frac{1}{20}$ bis zu $\frac{1}{4}$ m Wb = Fb = 2,7°

b) Auch an solchen **Wintertagen** gilt Wb > Fb, wo der Boden zwar vm nicht mehr gefroren zu sein braucht, aber doch auf freiem Felde sich nicht stärker erwärmt als im Walde, weil die Morgensonne um diese Jahreszeit noch nicht kräftig genug ist, um wie die Mittagssonne dies fertig zu bringen: Februar 1883. In diesem Übergangsmonate vom Winter zum Frühjahr, also von der

Geltungszeit des Winter- zu derjenigen des Sommergesezes, stellte sich im monatlichen Durchschnitte der Waldboden vormittags an der Oberfläche gleich dem Feldboden = 0,3° (im übrigen vergl. A. 2. b.).

III. Einfluss des Waldes auf die Bodentemperatur während der verschiedenen Jahreszeiten.

Bei Besprechung der allgemeinen Sommererscheinung im vorigen Abschnitte, wonach der Waldboden an der Oberfläche und in allen tiefer gelegenen Schichten stets kälter als das freie Ackerfeld sich darstellt, konnte von Auseinanderhaltung der einzelnen Jahreszeiten abgesehen werden. Es zeigen sich die neun Monate: März (dieser sofern nicht der sofort näher zu erläuternde Fall partiellen winterlichen Karakters vorliegt) bis November in Bezug auf die Frage der Verteilung der Bodenwärme nur quantitativ verschieden, während die Wintermonate unter Umständen auch einen sehr erheblichen qualitativen Unterschied aufweisen. Doch wird eine kurze Besprechung der Frühlings-, Sommer- und Herbsterscheinungen und ihr gegenseitiges Verhalten zu einander unter sich sowie im Gegensaze zum Winter der Vollständigkeit halber nicht umgangen werden können. Nachfolgende Bemerkungen sollen diesen Zweck erfüllen.

A. Einfluss der täglichen Wärmeschwankungen auf den Temperaturunterschied zwischen Feld- und Waldboden.

Wie aus den Aufzeichnungen der Tafeln III und IV mit grösster Deutlichkeit hervorgeht, bewahrheitet sich auf Grund unserer Beobachtungen vollkommen der Ebermayer'sche Saz (a. a. O. S. 49), dass mit steigender Temperatur die Unterschiede zwischen bewaldetem und nicht bewaldetem Boden im allgemeinen grösser werden, welches Verhältnis, wie wir früher gesehen haben (S. 36), auch hinsichtlich der Lufttemperatur in Wald und Feld obwaltet. Stets sind die Nachmittagsdifferenzen grösser als die Morgenunterschiede, sofern man nicht mehr als $\frac{1}{2}$ m tief gelegene Bodenschichten für sich betrachtet, in deren Bereich ein Einfluss der täglichen Temperaturschwankungen, für unsere Beobachtungszeiten wenigstens, überhaupt nicht mehr existirt (vergl. Abschn. I). Für eine Tiefe von $1\frac{1}{2}$ dm bestätigt sich jenes Vorkommnis noch ausnahmelos, jedoch schon für 3 dm nur noch im Sommer, im Frühjahr und Herbste nicht mehr, wie nachstehende Tabelle 10 erkennen lässt, welche die Wärmeunterschiede zwischen Feld- und Waldboden, die sich aus den in Tafel III niedergelegten Monatmitteln der Bodentemperatur im Freien und unter Holz ergeben, für die vier Jahreszeiten enthält.

Tabelle 10.

Unterschiede zwischen der Bodentemperatur im Freien und im Walde.

	an der Oberfläche (I)			in Tiefen von						0,60 (IV)	0,90 (V)	1,20 (VI)
				0,15 m (II)			0,30 m (III)					
	vm	nm	Mittel	vm	nm	Mittel	vm	nm	Mittel	den ganzen Tag über		
Frühling ..	1,7	2,3	2,0	1,2	1,4	1,3	1,4	1,4	1,4	1,6	1,4	1,1
Sommer.,..	3,0	3,2	3,1	2,9	3,2	3,1	3,2	3,3	3,3	3,5	3,6	3,3
Herbst ...	0,5	1,1	0,8	0,9	1,0	0,9	1,1	1,1	1,1	1,8	1,8	2,0
Winter ...	-0,3	0,3	—	-0,3	-0,2	-0,2	-0,3	-0,3	-0,3	0,4	0,2	0,2
Jahresmittel	1,3	1,7	1,5	1,1	1,3	·1,2	1,4	1,4	1,4	1,8	1,7	1,6

Bemerkung. Die Tabelle zeigt an, um wieviel Grade der Feldboden wärmer (+) oder kälter (–) ist als der Waldboden (Wb ⋛ Fb). Nebenstehende Zahlen drücken mithin den absoluten Einfluss des Waldes auf die Bodentemperatur aus.

Im übrigen besteht, wie gesagt, die für die warme Jahreszeit nur „quantitativ" verschiedene Wirkung der täglichen Wärmeschwankungen darin, dass leztere, ohne eine Änderung des relativen Verhaltens von Wald und Feld zu verursachen, durchaus eben die Differenz verstärken, um welche regelmässig der Waldboden von März bis November kühler ist als der Feldboden.

Eine Ausnahme bildet unter Umständen einzig und allein erstgenannter Monat, wenn er infolge Rückschlages der Winterkälte eigenartige Temperaturerscheinungen aufweist (s. S. 53). Trifft diese Voraussezung ein, dann kann der März aus naheliegenden Gründen zur Sommerzeit noch nicht gerechnet werden, wie solches hinsichtlich der Wärmevorgänge in der Atmosphäre nach früherem auch nicht der Fall gewesen war. Er stellt sich alsdann vielmehr als Übergangsmonat von der kalten zur warmen Jahreszeit dar, welche Rolle für gewöhnlich bezüglich der Bodentemperaturverhältnisse der Februar übernimmt (s. S. 60), wenn das Frühjahr zeitig sich einstellt.

Es sind jedoch die für März 1883 festgestellten Ausnahmeerscheinungen, wie sogleich ersichtlich sein wird, nach ihren numerischen Wertbeträgen von sehr untergeordneter Bedeutung. Das Frühlingsmittel bringt das Kältersein des Waldbodens zu jeglicher Tageszeit und in allen Tiefen (unbehelligt von jenen Märzunregelmässigkeiten) richtig zum Ausdrucke. Dieselben haben im einzelnen darin bestanden, dass im März 1883 anstatt durchgängiger Geltung des allgemeinen Sommergesezes: $Wb < Fb$ gewesen ist (laut Tafel IV):

(a) bis zu $\frac{1}{5} m$ vm $Wb = Fb = -0,8°$
(b) „ „ $\frac{1}{2}$ „ „ $Wb > Fb$ um $0,1°$
(B) „ „ $\frac{1}{4}$ „ im Tagesmittel $Wb = Fb = -0,2°$.

Dessen ungeachtet stellt sich das Frühjahr so dar, dass:

$$Wb < Fb$$

bis zu $\frac{1}{5} m$ vm um $1,5°$, den Tag über um $1,6°$
„ „ $\frac{1}{2}$ „ „ „ $1,5°$, „ „ „ „ $1,6°$

Für März 1884 berechnet sich aus den in Tafel III mitgeteilten Einzeldaten

$$Wb < Fb$$

bis zu $\frac{1}{5} m$ (I, II) um $0,9°$
„ „ $\frac{1}{2}$ „ (I–III) „ $0,6°$
„ „ $\frac{1}{4}$ „ (I–VI) „ $0,5°$.

Wie die Bewaldung im einzelnen rücksichtlich der täglichen Wärmeschwankung auf die verschiedenen Bodenschichten gewirkt hat, möge aus Tafel IV ersehen werden. Allzu weit gehende Unterschiede machen sich ja nicht geltend, wovon früher schon einmal die Rede gewesen. Darum soll hier nur noch untersucht werden wie sich die **gesamte mittlere Bodentemperatur** in den einzelnen Jahreszeiten gestaltet.

Laut Tafel IV (d) ist

$$Wb < Fb$$

im Frühjahr vm um $1,4°$, nm um $1,5°$, entspr. ein. Abkühlg v. 30 Pzt.
„ Sommer „ „ $3,2$ „ „ $3,4$ „ „ „ „ 24 „
„ Herbste „ „ $1,4$ „ „ $1,4$ „ „ „ v. 16 bzw. 15 Pzt.
„ ganzen „ „ $2,0$ „ „ $2,1$ „ „ „ v. 22 Pzt.

Der Unterschied der täglichen Differenzen ist zwar im Frühling und Sommer absolut genommen vorhanden, aber recht unbedeutend. Er verschwindet geradezu vollständig bei Ermittelung der prozentischen Wirksamkeit des Waldes.

Im Winter üben die täglichen Wärmeschwankungen, welche, für sich betrachtet, im Walde bereits in $1\frac{1}{2} dm$ Bodentiefe nur während des Monats August überhaupt noch sich geltend machen (vergl. S. 49), wie eingangs dieses Kapitels bereits hervorgehoben werden musste, im Gegensaze zur wärmeren Jahreszeit einen einschneidenden Einfluss auf das relative Verhalten von Wb und Fb zu einander aus, doch nur an der Oberfläche oder bei Ermittelung von Durchschnittstemperaturen für die obern Erdbodenschichten, wobei jene mit in Rechnung genommen werden muss.

Diese Erscheinung rührt in der Hauptsache davon her, dass in genannter Jahreszeit weittragende Bedeutung dem Umstande zukommt, ob der Boden gefroren ist („winterliches Verhalten") oder nicht, insbesondere ob derselbe im ersteren Fall infolge der Einwirkung der Mittagssonne auftaut („sommerlicher Karakter" der Wärmevorgänge im Boden). Dies kann begreiflicherweise auf unbedecktem Felde viel energischer vor sich gehen als im geschlossenen Bestande, zumal wenn lezterer, wie in St. Johann, ein Fichtenwald ist, der im Winter seine Benadelung nicht verliert, den Sonnenstrahlen somit den Zugang zum Erdboden in gleicher Stärke wie im Sommer verbietet oder wenigstens erschwert. Taut nun der Feldboden nachmittags, so ist der Wirksamkeit des morgens Geltung findenden Wintergesezes $Wb \geq Fb$ die Basis entzogen.

Die einzelnen Fälle, welche lezteres Vorkommnis näher illustriren, sind im vorigen Kapitel unter A. 2 eingehend behandelt.

Fasst man die Wärmeerscheinungen an der Oberfläche sämtlicher untersuchten Wintermonate unter dem oben ausgesprochenen Gesichtspunkte zusammen, so offenbart sich folgende Gesezmässigkeit:

1) Boden in Feld und Wald den ganzen Tag gefroren

$$Wb > Fb$$

Januar 1883 vm um 0,4°, nm um 0,1°
Dezember „ „ „ 0,4°, „ „ 0,1°
im Durchschnitte des Tagesmittels um 0,3°.

2) Boden auf freiem Felde nachmittags entweder allein oder stärker als im Wald aufgetaut

$$Fb > Wb$$

Februar 1883 vm um —, nm um 1,1°
Januar 1884 „ „ − 0,2°, „ „ 0,4°
Februar 1884 „ „ − 0,3°, „ „ 0,6°
durchschnittlich vm um − 0,2°, nm um 0,7°
im Mittel des ganzen Tages um 0,3°.

Vormittags ist also im Winter der Waldboden stets wärmer als das Ackerfeld oder doch gleich hoch mit demselben temperirt (Februar 1883), mag der Erdboden gefroren sein oder nicht.

Nachmittags ist jenes nur der Fall, wenn der Boden in Feld

und Wald fest gefroren bleibt. An solchen Tagen beträgt die Erwärmung des Waldbodens (0,3° nach 1.), gerade soviel als die durchschnittliche Erkältung (0,3° nach 2.), an Tagen, wo zwar vormittags Wb auch $\geq$ Fb (um 0,2°), nachmittags jedoch um ein mehrfaches (0,7°) $<$ Fb ist.

Die Gesamtwirkung im Winter 1883/84 bestand darin, dass laut (d) von Tafel IV

vormittags Wb = Fb = 2,1°
nachmittags Wb $<$ Fb um 0,1°

gewesen ist, welch lezterer Faktor einer Abkühlung des Waldbodens um 4 °/₀ entspricht.

Fassen wir daher die 9 Monate März bis November, statt wie bisher immer „warme Jahreszeit" sagen zu müssen, unter dem kürzeren Ausdrucke „Sommer" zusammen und bedienen uns fernerhin da wo Verwechslungen nicht ausgeschlossen, zur Bezeichnung der eigentlichen Sommermonate Juni, Juli und August der Benennung „Hochsommer".

Alsdann kann man sagen:

Das Sommergesez: Wb $<$ Fb gilt	Das Wintergesez: Wb $\geq$ Fb gilt ausschliesslich winters
	1) den ganzen Tag über
a) sommers an der Oberfläche und in allen tiefer gelegenen Schichten	wenn der Boden nachmittags wie morgens an der Oberfläche gefroren bleibt,
bis zu Bodentiefen von	
$\frac{3}{4}$ m	$\frac{1}{2}$ m
b) winters in Tiefen von mehr als $\frac{1}{2}$ bis $\frac{3}{4}$ m	
2) nur nachmittags winters an der Oberfläche,	2) nur vormittags in allen Tiefen bis zu $\frac{1}{2}$ m, nachmittags an der Oberfläche dann nicht,

wenn der Erdboden infolge der Wirkung der Mittagssonne auftaut.

NB. Zieht man, wie im nächsten Abschnitte geschehen wird, nur die mittleren Tagestemperaturen in den Kreis der Betrachtung, so fallen die oben unter 2. aufgeführten Spezialfälle weg und nur die unter 1. erwähnten beiden Generalregeln treten in die Erscheinung.

B. Einfluss des Waldes auf die Tagesmittel der Bodentemperatur.

Obige Hauptübersicht belehrt uns darüber dass bei Untersuchung der Wärmevorgänge im Erdboden zur Sommerzeit eine Vergleichung auf Grund der Tagesmittel wohl durchführbar sein wird, wie solches auch bereits in Abschn. II unter A. 1. a. γ der Fall gewesen ist. Der Boden wird ja infolge der Einwirkung des auf ihm stockenden Waldbestandes während dieser Jahreszeit morgens wie nachmittags nach derselben Richtung beeinflusst d. h. durchweg abgekühlt. Dieser erkältende Einfluss wird innerhalb sämtlicher Bodenschichten ausgeübt. Nur der Grad der Temperaturerniedrigung wechselt mit den täglichen und periodischen Wärmeveränderungen, welche die Atmosphäre erleidet.

Im einzelnen beträgt die Erkältung des bewaldeten Erdbodens im Vergleiche zum nicht bewaldeten durch alle Schichten laut D von Tafel IV für den

Frühling . 1,4° d. i. 29 %
Sommer . . 3,3° d. i. 24 „
Herbst . . 1,4° d. i. 16 „
im Mittel . 2,0° d. i. 22 „

Deutlich tritt auch hier wieder der Einfluss steigender Wärme im Grösserwerden des Temperaturunterschiedes zu Tage.

Der Wärmeunterschied der Bodentemperatur in Wald und Feld ist nach seinem absoluten Betrage für Frühling und Herbst gleich, prozentisch hier nur beinahe halb so gross als dort. Der Erdboden ist nämlich aus natürlichen Gründen im Herbste viel wärmer als im Frühjahr, weil inzwischen die Sommerwärme ins Erdinnere einzudringen begonnen hat.

Wie sich aus Tafel III ergibt, ist die Bodentemperatur dort an der Oberfläche und in sämtlichen übrigen Tiefen höher als hier um nachfolgende Grade:

	Oberfl.	II	III	IV	V	VI
F	0,8	3,8	4,0	5,0	5,6	5,9
W	1,8	4,1	4,4	5,0	5,0	5,0

Trennt man die oberen 3 Tiefen von den 3 untern, bei welchen offenkundig die Erwärmung viel stärker als bei jenen gewesen ist, so nimmt zu:

bis zu $\frac{1}{2}$ m { Fb um 2,9°
                        Wb „ 3,4°
von $\frac{1}{2}$ m ab { Fb „ 5,5°
                         Wb „ 5,0°

Damit ist gesagt, dass das Verhalten des Waldes gegenüber den Wärmeerscheinungen im Erdboden sowenig als hinsichtlich der Lufttemperatur exzessive Vorgänge zulässt. Trozdem der Feld- wie der Waldboden im Herbste beide gleich viel Wärme mehr als im Frühjahr aufweisen (4,2° mehr), so ist deren Verteilung im Waldboden doch eine andere, gleichmässigere. Die Differenz zwischen der Wärmezufuhr in der oberen und unteren Partie beträgt nur 1,6°, während dieser Unterschied für das freie Ackerfeld auf 2,6°, also auf mehr als das 1½ fache sich erhebt.

Indem der Wald, wie oben zu sehen, bei uns im Hochsommer auf die Bodentemperatur einen weit grösseren Einfluss als zu jeder anderen Jahreszeit ausübt, so dass (vergl. Ebermayer S. 49) die Verdunstung des Bodenwassers gerade in den wärmsten Monaten sehr vermindert wird, bleibt dem Waldboden ein grosser Teil seiner Feuchtigkeit (sofern leztere nicht zu Zwecken der Blättertranspiration verwendet wird, welche nicht unerhebliche Wassermassen erfordert) erhalten.

Wir kommen nunmehr zur Beschreibung des thermischen Verhaltens des Feld- und Waldbodens im Winter. In den Tagesmitteln verschwinden, wie oben bereits bemerkt, die in der Uebersicht S. 66 unter 2.) aufgeführten Einzelerscheinungen, so dass also unter Umständen die ausschliessliche Anwendung der ersteren auf Wärmeverhältnisse zu Trugschlüssen oder wenigstens unklaren Folgerungen eben wegen der Verschleierung der vor- und nachmittäglichen Phänomene führen kann. Es gleichen sich nemlich nicht nur im Winter 1883/84 die grundsäzlichen, an der Bodenoberfläche zu beobachtenden Verschiedenheiten der Erwärmungsvorgänge am Morgen und im Laufe des Nachmittags aus, so dass laut Tafel III $Wb = Fb = 0,2°$, sondern dieses Sichaufheben nach zwei Richtungen auseinander gehender Wirkungen lässt sich auch bei Miteinschliessung der übrigen untersuchten Wintermonate Januar und Februar 1883 nachweisen (vergl. S. 65). Hiernach gilt das Wintergesez

$$Wb \geq Fb$$

scheinbar durchweg bis zu $\frac{1}{2} m$ Bodentiefe, von hier ab jedoch nach wie vor das Sommergesez $Wb < Fb$ oder $Fb > Wb$.

Im Winter hat man sonach, was im Sommer nicht notwendig erscheint, einem Umstande Beachtung zu schenken, der darin beruht, dass der Waldboden um diese Jahreszeit ober- und unterhalb einer Tiefe von $\frac{1}{2} m$ sich verschieden verhält. Dort ist er durchaus wärmer, hier kälter (exkl. Februar) als das freie Ackerfeld, während sommers von der Oberfläche bis zur grössten Tiefe (innerhalb unseres

$\frac{1}{4}$ m umfassenden Beobachtungsraumes) kontinuirlich eine Differenz zu Gunsten des lezteren wahrnehmbar ist.

Ziffermässig lässt sich obige Thatsache aus Tafel IV ableiten. Dort beträgt die

(B) Erwärmung bis zu $\frac{1}{2}$ m 0,2° = 18 %
(F) Erkältung von $\frac{1}{2}$ m ab 0,3° = 9 „ ,

während als Schlussfazit der beiden antipodischen Einwirkungen für die ganze untersuchte Bodentiefe eine Abkühlung von 0,1° (D) verbleibt (s. S. 70).

Absolut genommen erscheint die Temperaturerniedrigung in den unteren Bodenregionen 1$\frac{1}{2}$ mal so stark als die Erwärmung der oberen Schichten. Prozentisch stellt sie sich nur halb so gross dar. Sie würde noch wirksamer sein, wenn nicht der Februar als Uebergangsmonat vom Winter zum Sommer, vom Geltungsbereiche des Wintergesezes zu dem der Sommerregel eine Ausnahmerolle spielte (s. S. 60).

Gegenüberstellung der Wärmeunterschiede für Bodentiefen bis zu $\frac{1}{2}$ m (B) und für solche von mehr als $\frac{1}{2}$ m (F von Tafel IV) liefert folgendes Ergebnis:

Wb < Fb um:

Frühling . . . 1,6° = 31 %;   1,3° = 30 %
Sommer . . . 3,2° = 21 „   3,4° = 27 „
Herbst . . . . 0,9° = 11 „   1,8° = 18 „
durchschnittlich . 1,9° = 20 „   2,2° = 24 „ (vergl. S. 56)

Es liegt somit, wie mehrfach betont, nur eine unbedeutende graduelle Verschiedenheit zwischen oben und unten vor. Die Erkältung, welche der Winter dem Waldboden für Tiefen von mehr als $\frac{1}{2}$ m bringt, beträgt ungefähr $\frac{1}{7}$ der sommerlichen Abkühlung in diesen Tiefen, in Prozenten ausgedrückt etwa $\frac{4}{5}$ derselben.

Während dagegen die winterliche Erwärmung des Bodens bis zu $\frac{1}{2}$ m nur $\frac{1}{11}$ der sommerlichen Abkühlung ausmacht, weichen die Prozentsäze beider Einwirkungen nicht sehr weit von einander ab.

Es handelt sich freilich um minimale Unterschiede nach der einen oder andern Richtung. Und wenn auch aus unseren Zahlen, wie aus den Ebermayer'schen hervorgeht, dass im Winter bewaldeter und nicht bewaldeter Boden bis zu $\frac{1}{4}$ m „fast dieselbe Temperatur" — aber selbstredend nur im grossen Durchschnitte — aufweisen, so war es, glaube ich, nicht nur eine Forderung der Gründlichkeit, sondern auch der Pflicht, im Hinblick auf die Opfer an Geld und Arbeitskräften, mit denen die Beobachtungen angestellt werden, obige Verschiedenheiten und Mannigfaltigkeiten in dem gegenseitigen thermischen Verhältnisse des Feld- und Waldbodens ans Licht zu ziehen. Ist man auch beinahe versucht, mit Ebermayer zu sagen, der Wald übe im Winter keinen nennenswerten Einfluss auf die Bodentemperatur aus, so muss man sich doch folgendes vergegenwärtigen: Wie wir gesehen haben, spricht sich das Wärmer- und Kältersein nur in höchst unbedeutenden absoluten Differenzen aus. Dies kann nicht anders erwartet werden zu einer Jahreszeit, wo das Thermometer sich meist um den Nullpunkt bewegt, von dem es sich in Hinsicht auf Bodentemperaturen viel weniger weit entfernt, als die Luftwärme ihm gestattet. Diese Vorgänge sind aber kein regelloses willkürliches Spiel des Zufalls, sondern in bestimmten physikalischen Zuständen der Erdrinde und der Atmosphäre begründet.

Die beiden lokal und qualitativ verschiedenen Wirkungen der Bewaldung auf den Erdboden im Winter vereinigen sich, wie oben S. 69 angedeutet, zu der unter D in Tafel IV niedergelegten Gesamtwirkung, welche in einer Abkühlung des Waldbodens von 0,1° = 4 °/₀ besteht. Leztere beziffert sich somit nur auf $\frac{1}{20}$ der sommerlichen Abkühlung in allen Schichten (2,0° lt. S. 56.)

Stellen wir zum Schlusse, wie Ebermayer gethan, obige Gesamtwinterwirkung in Parallele zu den für die einzelnen Jahreszeiten ermittelten Resultaten und vergleichen unsere Ergebnisse mit den Ebermayer'schen Zahlen!

Es betrug die durchschnittliche Erkältung des Waldbodens gegenüber dem freien Ackerfelde zu St. Johann im Jahr 1883/84 (laut D von Tafel IV):

	Frühling	Sommer	Herbst	Winter
	1,4°	3,3°	1,4°	0,1°, i. Baiern
1868/69:	2,0	4,0	1,5	0,0.

Mithin ist die absolute abkühlende Wirkung des Waldes auf die Bodentemperatur im Sommer ungefähr 2¼ mal so gross als im Frühling und Herbste (nach Ebermayer 2 bezw. 2⅕ mal) und 33 mal so bedeutend als im Winter (bei Ebermayer 160 bezw. ∞ mal so gross infolge der von mir vorgenommenen Abrundung seiner auf zwei Stellen lautenden Zahlen auf eine Dezimale).

Obige Temperaturunterschiede zu Gunsten des freien Felds entsprechen folgenden Prozentsäzen, um welche der bewaldete Boden weniger Wärme besizt als jenes,

	St. Johann	Baiern (6 Stationen)
Frühling	29 Pzt.	28 Pzt.
Sommer	24 „	24 „
Herbst	16 „	16 „
Winter	4 „	1 „

Eine Uebereinstimmung der Resultate, welche geradezu erstaunlich ist! Bewegen sich doch die Meereshöhen der sechs bairischen Stationen, deren Durchschnittsergebnis obige Zahlen geliefert hat, zwischen 300 und 900 m, während St. Johann 760 m über dem Meeresspiegel liegt.

IV. Einfluss des Waldes auf die jährlichen Extreme der Bodentemperatur.

Wir haben soeben gesehen dass der Waldboden im Hochsommer, also zur heissesten Jahreszeit, an der Oberfläche wie durch alle Schichten bis zu $\frac{1}{4}$ m Tiefe im Vergleiche mit unbewaldetem Ackerboden am meisten abgekühlt wird. Mit andern Worten, die Bodentemperatur steigt im Walde während dieser Zeit niemals so hoch als im Freien, oder die höchsten Wärmegrade welche der Waldboden aufweist, sind namentlich in den eigentlichen Sommermonaten (Juni bis August) stets niedriger als die im Feldboden auftretenden Maxima.

Maximabeobachtungen im eigentlichen Sinne des Wortes sind diese Temperaturen an der Oberfläche und in den obersten Bodenschichten, in welchen die täglichen Schwankungen überhaupt verspürt werden, freilich nicht, insofern z. B. das Wärmemaximum für die Oberfläche abends 4 oder 6 Uhr, um welche Stunde beobachtet wird, selbstverständlich längst verschwunden ist. Es kann sich eben um eine Vergleichung der zu den angegebenen Ablesungszeiten notirten höchsten Thermometerstände handeln, welche im Lauf eines Jahres beobachtet und in Müttrich's Jahresberichten allemal besonders verzeichnet werden.

Eine Zusammenstellung der daselbst berechneten Unterschiede zwischen den einzelnen Angaben besagt, dass in den drei Kalenderjahren 1881, 82 und 83 die Minusdifferenzen zu Gunsten des Waldbodens betragen haben für das Jahr:

	Oberfl.	II	III	IV	V	VI
1881	7,8	3,9	4,7	4,4	4,2	4,0
1882	5,6	4,1	3,9	3,9	3,3	3,1
1883	6,1	4,1	4,2	4,1	3,2	3,6
im Mittel:	6,5	4,0	4,3	4,1	3,6	3,6
		4,9		3,8	
			4,3			

Es war somit Wb < Fb:
bis zu $\frac{1}{2}m$ um 4,9°, von $\frac{1}{2}m$ an abwärts um 3,8°, im ganzen um 4,3°. Die grösste absolute Erkältungsdifferenz für den Wald beträgt somit noch einen ganzen Grad mehr als die durchschnittliche sommerliche Abkühlung des Jahres 1883. Es wird, wie schon Ebermayer (a. a. O. S. 69) konstatirte, **durch den Wald das Maximum der Bodentemperatur sehr bedeutend herabgedrückt**, welche Thatsache auf die Erhaltung der Bodenfeuchtigkeit und das Pflanzenleben im Sommer gewiss die wohlthätigste Rückwirkung haben muss.

Die allgemeine meteorologische Erscheinung, dass die jährlichen Temperaturextreme mit wachsender Bodentiefe immer später eintreffen, weil die Wärme von der Oberfläche erst allmählich in die Erde eindringen kann, dürfen wir hier um so eher unerörtert lassen, als unsre Erdbodentemperaturen nur von einer Tiefe an wo die täglichen Wärmeschwankungen aufgehört haben, als eigentliche periodische Maxima sich darstellen und bei dieser Untersuchung das Hauptaugenmerk stets auf die Verschiedenheit des Verhaltens von Wald und Feld gerichtet sein soll. In lezterer Beziehung ist aus den in oben genannter Uebersicht beigesezten Zeitpunkten des Eintritts soviel zu entnehmen, dass die höchsten Temperaturgrade hier wie dort annähernd von demselben Augenblick an, im Walde nur selten ab und zu erst einen Tag später, beobachtet werden. Doch ist auch der gegenteilige Fall nicht gänzlich ausgeschlossen.

Stellt man, wie oben für die Maxima geschehen, die Differenzen der **niedrigsten** im Laufe des Winters in Feld- und Waldboden beobachteten **Temperaturgrade** zusammen, so war für das Jahr:

	Wb > Fb um:					
	Oberfl.	II	III	IV	V	VI
1881	4,1	—	1,2	− 0,2	− 0,3	− 0,2
1882	0,8	1,9	2,0	0,9	0,3	0,3
1883	1,6	0,7	?	?	− 0,1	—
im Mittel:	2,2	0,9	1,6	0,4	—	—
		1,6		0,1		
		0,9				

Sofort springt der S. 68 besprochene Unterschied des Verhaltens ober- und unterhalb $\frac{1}{2}m$ Tiefe in die Augen. Bis zu $\frac{1}{2}m$ ist der Waldboden um 0,2° wärmer als der Feldboden; zur Zeit der höchsten Kältegrade steigt dieser Unterschied bis aufs 8 fache, nämlich 1,6°.

Zwar drang der Winterfrost wie auf den bairischen Stationen im bewaldeten und im unbewaldeten Boden bis 0,3 *m* (1 Fuss) ein, der Waldboden war mithin bis zu derselben Tiefe gefroren, wie der nicht bewaldete. Nur waren in ersterem die Kältegrade stets geringer als in lezterem.

Für die Wärmevorgänge in Tiefen von mehr als $\frac{1}{2}$ m kommt es in erster Linie darauf an, in welchem Monate die niedrigsten Thermometerstände eintreten.

Ist solches, wie für den Jahrgang 1882, im Februar und März geschehen, während welcher Monate, wie in unserem Februar 1884, der Waldboden stets wärmer als der Ackerboden war, so mussten die Differenzen positiv ausfallen.

Negativ konnten sie im Jahr 1881 sein; denn hier ist auch in den Übergangsmonaten Februar und März der Waldboden stets kälter als das Ackerland, wie sonst.

Da im Jahr 1883 endlich die grösste Kälte erst im April beobachtet wurde, so musste auch die eine mögliche Differenz negativ ausfallen. Die Beobachtungen für diesen Monat sind unvollständig, weil das Thermometer auf der Waldstation in zwei Tiefen eine Zeit lang eingefroren blieb, was auf freiem Felde nicht der Fall gewesen ist.

Die Minima treten, im Gegensaze zu den höchsten Temperaturgraden, allerdings auch nicht durchweg, aber doch in der Mehrzahl der Fälle im Wald erst später ein als im unbedeckten Feldboden.

Quantitativ unterscheidet sich die Schwächung der höchsten Wärmegrade im Sommer sehr bedeutend von der Erhöhung der niedrigsten im Winter. Jene beträgt bis zu $\frac{1}{2}$ m ungefähr das 3 fache der lezteren und ist von $\frac{1}{2}$ m an abwärts nur um ca. 1° schwächer als in der oberen Bodenpartie, während im Winter ja die Erkältung nach der Tiefe viel unbedeutender ist, unter Umständen sogar, wie wir gesehen haben, in Erwärmung sich verwandelt. Ebermayer's Anschauungen (a. a. O. S. 71) bestätigen sich sonach an der Hand unserer St. Johanner Beobachtungsergebnisse, nach denen die absoluten $\frac{\text{Wärme-}}{\text{Kälte-}}$Extreme der Bodentemperatur im Walde durchschnittlich um ungefähr $\frac{4}{1}$-Grad $\frac{\text{tiefer}}{\text{höher}}$ stehen als im Freien, vollkommen.

„Der Wald hat auf die Abstumpfung der höchsten Wärme„grade im Boden einen weit (nach unsern Wahrnehmungen viermal) „grösseren Einfluss als auf die Abstumpfung der niedrigsten Kälte-

„grade und seine Einwirkung erstreckt sich im Sommer in viel
„grössere Bodentiefen als im Winter"

Diese Abschwächung der Temperaturextreme drückt sich auch
in der Thatsache aus, dass im **Waldboden die jährlichen
Wärmeschwankungen geringer sind** als im unbedeckten Ackerfelde. Hierüber geben ebenfalls besondere Tafeln der Müttrich'schen
Jahresberichte Aufschluss. Nachstehend eine Zusammenstellung der
„Differenzen", um welche die Schwankungen zwischen den höchsten
und niedrigsten Thermometerständen im Waldboden geringer waren
als im Feldboden.

	Oberfl.	II	III	IV	V	VI
1881 . . .	11,9	4,0	5,9	4,2	3,9	3,8
1882 . . .	6,4	6,0	5,9	4,8	3,6	3,4
1883 . . .	7,7	4,8	?	?	3,1	3,6
im Mittel: . .	8,7	4,9	5,9	4,5	3,5	3,6

$$\underbrace{4{,}9 \quad 5{,}9}_{6{,}5} \qquad \underbrace{4{,}5 \quad 3{,}5 \quad 3{,}6}_{3{,}9}$$

$$5{,}2$$

Demnach steigen die jährlichen Wärmeschwankungen im Waldboden $\dfrac{\text{bis zu } \tfrac{1}{2} m \text{ um ungefähr 6 Grad}}{\text{von } \tfrac{1}{2} m \text{ an abwärts um 4 Grad}}$ weniger hoch als im Feldboden. Im ganzen beträgt dieser Temperaturunterschied 5 Grad.

Man erkennt, dass obige Zahlen die Summen der vorhin berechneten Unterschiede darstellen welche anzeigen, um wieviel Grade die $\dfrac{\text{höchsten}}{\text{niedersten}}$ absoluten Temperaturgrade der Bodenwärme im Walde $\dfrac{\text{tiefer}}{\text{höher}}$ stehen als im Freien.

V. Einfluss des Waldes auf die Jahresmittel der Bodentemperatur.

Nachdem in den beiden Abschnitten II u. III der Einfluss des Waldes auf die mittleren Bodentemperaturen der zwölf Monate wie der vier Jahreszeiten besprochen worden ist, erübrigt noch die Untersuchung, wie sich für die einzelnen Tiefen und Schichten die **Jahresmittel der Bodenwärme** infolge der erörterten Wirksamkeit der Bewaldung gestalten, in wieweit namentlich auch die täglichen Wärmeschwankungen nach dieser Richtung hin Einfluss besizen (vergl. Abschn. I).

Bei Berücksichtigung des Umstandes dass der Winter auf das gegenseitige Verhalten von Wald- und Feldboden eine an sich nur sehr geringe, in den oberen Bodenpartien sogar der konstatirten Sommerregel entgegenlaufende Wirkung ausübt, lässt sich erwarten, dass im Gesamtdurchschnitte des ganzen Jahres das Wintergesez $Wb \geq Fb$ nicht mehr zum Ausdrucke gelange. Dagegen werden sich die mittleren Jahresdifferenzen zwischen bewaldetem und unbewaldetem Erdboden von den für die warme Jahreszeit festgestellten Temperaturunterschieden infolge dieser abschwächenden Winterwirkung quantitativ sehr wesentlich unterscheiden, nämlich offenbar geringer als die leztgenannten sein müssen. Dieselben sollen in der bisher eingehaltenen Reihenfolge für die verschiedenen Tiefen und einzelnen Schichten aufgeführt werden, die „Tagesmittel" diesmal jedoch nicht für sich behandelt, sondern gleich bei der Vor- und Nachmittagsbeobachtung unter der Rubrik „med" eingereiht sein.

Unter Zugrundelegung der jährlichen Mitteltemperaturen ist nach den Angaben der Tab. 10 (S. 63) und Taf. IV

$$Wb < Fb \qquad \text{med.}$$

an der Oberfläche vm um 1,3°, nm um 1,7°; 1,5° = 21 Pzt.
in 1½ dm Tiefe   „   „ 1,1, „ „ 1,3; 1,2 = 16 „
bis zur Tiefe von ¼ m „ „ 1,2, „ „ 1,6; 1,4 = 19 „
„   „   „   „ ½ „ „ „ 1,3, „ „ 1,4; 1,4 = 19 „
„   „   „   „ 1 „ „ „ 1,4, „ „ 1,6; 1.5 = 20 „
„   „   „   „ ⅔ „ „ „ 1,5, „ „ 1,6; 1,6 = 21 „

Den ganzen Tag über (ohne Einfluss der täglichen Wärmeschwankungen) ist $Wb < Fb$

in 3 dm Tiefe um 1,4° = 19 Pzt.
von ½ „   „ an „ 1,6 = 21 „
„   ½ m „   „ „ 1,7 = 22 „

Die Faktoren der Thätigkeit des Waldes in Beziehung auf die Wintervorgänge der Bodenwärme sind somit an der Bildung des Jahresmittels in der Art beteiligt, dass z. B. an der

Oberfläche um 0.5° ⎫
bis zu ½ m „ 0,5°   ⎬ der Waldboden weniger abgekühlt erscheint als zur Sommerzeit.
von ½ m ab „ 0,5°   ⎪
im ganzen „ 0,4°   ⎭

Im grossen Ganzen lässt sich daher der Einfluss des Waldes auf die Gestaltung der Wärmeverhältnisse im Erdboden während einer Jahresperiode dahin zusammenfassen, dass für leztere die um ungefähr ½ Grad ermässigten, für den Sommer ermittelten Temperaturunterschiede, um welche der Waldboden regelmässig kälter als der Feldboden ist, Geltung haben.

Dieses Resultat stimmt vollkommen mit dem Ergebnis Ebermayer's überein, der (a. a. O. S. 35.) sagt, „die mittlere Jahres-„temperatur des Waldbodens sei in allen Tiefen geringer als die „einer nicht bewaldeten Fläche". Der Unterschied beläuft sich z. B. an der Oberfläche auf 1,5° ⎫ durchschnittlich also auf $1\frac{1}{2}$° C.
im ganzen „ 1,6° ⎭ (bei Ebermayer auf $1\frac{1}{4}$° R.)

Das prozentische Verhalten lässt wieder wie beim Einflusse des Waldes auf die Lufttemperatur vollständige Übereinstimmung zwischen unsern und den bairischen Beobachtungsergebnissen erkennen.

Sowohl an der Oberfläche als im Durchschnittsmittel sämtlicher Beobachtungen für die einzelnen Bodentiefen besizt der Waldboden in der jährlichen Periode um 21 Prozent oder $\frac{1}{5}$ weniger Wärme als das freie Ackerfeld, während die Waldluft (das eigentliche Waldinnere, Kpf, s. S. 44) für denselben Zeitraum 1,0° oder 15 % weniger Wärme bezieht, d. h. absolut $\frac{2}{3}$, in Prozenten eine $\frac{3}{4}$ mal so starke Abkühlung erfährt, als der Waldboden erleidet. Der Einfluss des Waldes auf die jährliche Bodentemperatur ist mithin $1\frac{1}{2}$ mal (in Prozenten $\frac{4}{3}$ mal) so gross als auf die Lufttemperatur.

Vergleichen wir mit diesem Ergebnisse des Jahrgangs 1883/84 die Resultate der Wärmevorgänge im Erdboden während der drei Kalenderjahre 1881, 82 und 83!

Eine Zusammenstellung der Jahresmittel ihrer gesamten Erdbodentemperaturen, wie sie in Müttrich's forstlich-meteorologischen Jahresberichten enthalten sind, gewährt nachstehenden Überblick.

Aus demselben geht zunächst hervor, dass, worauf schon Ebermayer aufmerksam gemacht hat, die jährlichen Mitteltemperaturen an einem und demselben Ort in den verschiedenen Bodenschichten bis zu 1,20 m „nahezu gleich" sind. Im Walde trifft dies am meisten zu. Dort beträgt die grösste Differenz zwischen den durchschnittlichen Jahresmitteln der 6 untersuchten Bodenetagen 0,3°, während im Feldboden Schwankungen bis zu 0,7° vorkommen.

Im Mittel der drei Jahre war der Waldboden an der Oberfläche um 1,5°, in seiner ganzen Ausdehnung (soweit die Temperaturmessungen reichen) um 1,6° kälter als das nackte Ackerfeld. Lezteres Verhältnis entspricht genau wieder einer Abkühlung im Betrage der oben berechneten 21 Prozent.

Diese hervorragende Konstanz der Temperaturunterschiede zwischen Wald- und Feldboden innerhalb mehrerer Jahrgänge, die auch bezüglich der Luftwärme vorliegt (vergl. S. 45), lässt wohl mit einiger Sicherheit vermuten, dass weitere Beobachtungen nach dieser Richtung kein wesentlich anderes Resultat zu Tage fördern werden.

Tabelle 11.
Jahresmittel der Luft- und Bodentemperatur im Freien (F) und im Walde (W).

		Lufttemperatur		Erdbodentemperaturen							
		in Kopfhöhe	Differenz zwischen F u. W	Oberfl.	II	III	IV	V	VI	Mittel	Diff. zw. F.u.W.
1881 ...	F	6,9	1,0	7,5	7,0	7,3	7,8	8,1	8,1	7,6	1,8
	W	5,9		5,7	5,4	6,1	5,9	5,9	6,0	5,8	
1882 ...	F	7,4	0,7	7,7	7,4	7,3	7,7	8,1	8,0	7,7	1,5
	W	6,7		6,1	6,0	6,0	6,2	6,3	6,3	6,2	
1883 ...	F	6,8	0,8	7,1	7,3	7,0	7,7[1]	7,5[2]	7,6	7,4	1,5
	W	6,0		5,8	6,0	5,7	5,8	5,9	5,9	5,9	
Durchschnitt	F	7,0	0,8	7,4	7,2	7,2	7,7	7,9	7,9	7,6	1,6
	W	6,2		5,9	5,8	5,9	6,0	6,0	6,1	6,0	

Bemerkungen. 1. Die Zahlen in der Rubrik „Differenz etc." zeigen an, um wieviel Grade im Walde Luft und Boden kälter sind als auf freiem Felde.

2. Die mit $\frac{1)}{2)}$ bezeichnete Zahl ist um 0,2° $\frac{\text{höher}}{\text{niedriger}}$ als das seitens der forstlichen Versuchsstation Württembergs veröffentlichte Ergebnis, aus dem in der Bemerkung zu Tafel III. entwickelten Grunde.

Die oben bereits hervorgehobene, aus Tabelle 11 ersichtliche, nicht sehr erhebliche Verschiedenheit der Jahresmittel der Bodentemperatur in einzelnen Tiefen ist nicht etwa eine völlig regellose, sondern veranlasst durch die jährlichen Wärmeschwankungen und die Art und Weise ihrer Fortpflanzung ins Erdinnere durch Leitung. Sie verschwinden erst in einer Tiefe, die 19 mal[1]) grösser ist als diejenige, in welcher die täglichen Schwankungen keinen Einfluss mehr ausüben.

Vor allem treten die obere (I. bis III. Etage) und die untere (IV. bis VI. Etage) Bodenpartie in deutlichen Gegensaz zu einander. Dort, wo die täglichen Wärmeänderungen sich geltend machen, sind die jährlichen Mitteltemperaturen entschieden kleiner

---

1) Die Tiefen, bei welchen im Erdboden Wärmeschwankungen verschwinden, verhalten sich wie die Quadratwurzeln ihrer Perioden, hier somit wie: $1 : \sqrt{365{,}25} = 1 : 19$ (vergl. Schmid a. a. O. S. 144.).

als hier, wo die Einwirkung der täglichen Insolation und nächtlichen Ausstrahlung gänzlich aufgehoben ist. Für den Waldboden beträgt dieser Unterschied übrigens nur 0,1°.

Offenbar sind die in den einzelnen Tiefen zu denselben Beobachtungszeiten erhobenen Jahresmittel nach Art und Entstehung verschiedenen Karakters. Man darf sich ja nur vergegenwärtigen dass bei der Abendnotirung in 0,3 m Tiefe gerade zu einer Zeit abgelesen wird, wo sich die nächtliche Ausstrahlung vom Morgen her daselbst geltend macht (s. S. 50). Sodann ist zu beachten dass unsere Beobachtungen der Bodentemperatur nicht in durchweg gleichen Entfernungen von der Oberfläche angestellt werden. Der Abstand zwischen Thermometer I, II und III beläuft sich auf je 15 cm, während er von hier ab 30 cm zwischen den Quecksilberkugeln der einzelnen Instrumente beträgt. Demnach könnte man der in dieser Arbeit durchgeführten Zusammenfassung einzelner „Tiefen" zu fortlaufenden „Schichten" gegenüber auf die mathematisch gewiss nicht gehörig motivirte Ermittelung der Temperaturen für die leztern als einfache arithmetische Wärmemittel der ersteren hinweisen.

Dagegen dürfte einmal die schon des öfteren betonte Thatsache anzuführen sein, dass es sich bei den zu forstlichen Zwecken angestellten meteorologischen Untersuchungen weniger um die Erforschung absoluter, nur in jahrelanger Beobachtungsreihe zu gewinnender, wahrer Mittelwerte handelt, als hauptsächlich um Feststellung des gegenseitigen Verhältnisses zwischen Wald und Feld, d. h. eben die Modifikationen der allgemeinen, als gegeben angenommenen klimatischen u. a. Verhältnisse.

Sodann hat auch Ebermayer den Weg der Ermittelung der gesamten Bodenwärme — d. h. der Temperatur des beschränkten Raumes der Erdkruste, auf welchen sich überhaupt unsere Beobachtungen erstrecken — als arithmetische Duchschnittstemperatur aller Bodentiefen eingeschlagen. Somit lag der Schritt, innerhalb des Untersuchungsrahmens einzelne Partien abzugrenzen und herauszugreifen, gewiss nicht allzu fern, schon um der Möglichkeit einer Vergleichung der bairischen Zahlen mit den unsrigen willen. Ich bin mir aber, was ich ausdrücklich konstatiren möchte, der Bedenken, welche sich aus den angeführten Gründen gegen meine Darstellungsart erheben lassen, wohl bewusst.

In die Augen springt ferner, wenigstens für den offenen Feldboden, innerhalb der oberen Bodenregion die Verschiedenheit der Jahresmittel an der Oberfläche und in Tiefe II und III, also etwas ober- und unterhalb $\frac{1}{4}$ m, wo sich nachmittags zur Zeit der Ablesung die nächtliche Strahlung bemerkbar macht. Bildet man nach dieser

Unterscheidung Durchschnittswerte aus den dreijährigen Mitteln der Tabelle 11, so erhält man für:

$$\text{die Oberfläche} \begin{cases} \text{F } 7{,}4 \\ \text{W } 5{,}9 \end{cases}$$

$$\tfrac{1}{4} \, m \text{ Tiefe} \begin{cases} \text{F } 7{,}2 \\ \text{W } 5{,}8 \end{cases}$$

$$\tfrac{1}{2} \, m \text{ und mehr Tiefe} \begin{cases} \text{F } 7{,}8 \\ \text{W } 6{,}0 \end{cases}$$

Die Ebermayer'sche Wahrnehmung, nach der die jährlichen Mitteltemperaturen von oben nach unten langsam abnehmen sollen, trifft somit für unsere Zahlen nicht zu, troz annähernder Übereinstimmung der beiderseitigen Beobachtungszeiten. In St. Johann bekundet sich im Gegenteil eine Zunahme der Temperatur gegenüber den oberen Schichten für den Erdboden im Freien nicht nur, sondern auch im Wald in deutlich erkennbarer Weise, wiewohl hier allerdings dieselbe nur in minimalen Unterschiedsbeträgen sich offenbart. Doch ist sichtlich keinerlei Abnahme vorhanden.

Die Ergebnisse dieser Untersuchung über den Einfluss des Waldes auf die Bodentemperatur lassen sich, wie dies bei der Frage nach der Beeinflussung der Luftwärme der Fall gewesen war, in die Worte zusammenfassen:

Die mittlere Jahreswärme des Waldbodens ist geringer als die des unbedeckten Ackerbodens. Am energischsten findet diese Abkühlung des Erdbodens infolge der Bewaldung während der warmen Jahreszeit, namentlich im Hochsommer, statt, wo der Wald die höchsten Temperaturgrade in erheblicher Weise abschwächt. Die Erkältung dauert fort, solange der Boden nicht gefroren ist.

Tritt dieser Fall ein, so bleibt der Waldboden stets wärmer als der Boden des freien Ackerfeldes.

Ausser der abkühlenden Wirkung, die sich, wie gesagt, für die kurze Zeit, während welcher im Winter der Erdboden gefriert, in Erwärmung verwandelt, besteht also wie bezüglich der Luftwärme eine weitere Thätigkeit des Waldes darin, dass er einen wohlthätigen Einfluss auf die Temperaturextreme im Boden ausübt, indem er dieselben abstumpft.

Diese Beeinflussung der Bodenwärme seitens der Waldvegetation ist mächtiger als die der Lufttemperatur, mit der sie selbstverständlich im engsten Zusammenhange steht. Über die Wechselbeziehungen zwischen Boden- und Luftwärme in Wald und Feld wird der folgende Paragraph weiteres Licht verbreiten.

§ 3.
Einfluss des Waldes auf die Beziehungen zwischen Boden- und Luftwärme

I. innerhalb der einzelnen Monate.

Die Luft auf freiem Felde empfängt den grössten Teil ihrer Wärme durch Aufnahme der dunkeln Strahlen, welche von dem durch die Insolation der Sonne erwärmten Erdboden ausgehen (S. 1). Darum wird die Temperatur der Oberfläche des unbedeckten Ackerfeldes in der Regel höher stehen, als die der über ihm befindlichen Luftsäule. Solches ist, wie aus den in Tafel V niedergelegten Monatmitteln der Luftwärme in Kopfhöhe und der Bodentemperatur an der Erdoberfläche hervorgeht, während des grössten Teiles des Jahres der Fall. Mit unbedeutenden Ausnahmen ist zur Sommerzeit, wo die in ihrem Stärkegrade natürlich wechselnde Insolation alltäglich stattfindet, im Freien der Boden wärmer als die Luft. Im Hochsommer, wo jene am stärksten auftritt, ist auch der Temperaturunterschied zwischen beiden Medien am grössten und beträgt durchschnittlich 0,7° (vergl. Tab. 12)

Tabelle 12.
Tagesmittel der Boden- (Bo) und Lufttemperatur (Lu)

	im Freien			im Walde			Bemerkung
	Bo	Lu	Diff.	Bo	Lu	Diff.	
Frühling	6,3	5,8	0,5	4,3	4,9	0,6	Die Zahlen in der Rubrik „Differenz" zeigen an, um wieviel Grade auf freiem Felde der Boden, unter Holz die Luft wärmer (+) oder kälter (—) ist als die Luft (Bo > Lu) bezw. der Boden (Bo < Lu).
Sommer	15,7	15,0	0,7	12,6	13,3	0,7	
Herbst	7,0	6,9	0,1	6,2	6,4	0,2	
Winter	0,2	0,5	—0,3	0,2	0,2	—	
Jahresmittel ...	7,3	7,1	0,2	5,8	6,2	0,4	

Im Walde tritt uns überraschenderweise gerade die umgekehrte Thatsache entgegen. Hier ist, aus später darzulegenden Gründen, die Luft meist wärmer als der Boden, und zwar im Hochsommer ebenfalls um 0,7°, wie aus Tabelle 12 ersichtlich, deren Angaben auf den in Tafel V zusammengestellten Zahlenergebnissen beruhen.

Ausnahmen kommen hier wie dort vor. Namentlich aber im Winter ist der Feldboden bei schwacher Kälte regelmässig kühler als die Feldluft, unter Holz der Boden dann und wann wärmer als die Luft in Kopfhöhe und durchschnittlich gleich hoch mit derselben temperirt. Diese Vorkommnisse treten am deutlichsten vor Augen bei Betrachtung der Tagesmittel, welche in obiger Tabelle 12 aus den Einzelbeobachtungen der Tafel V berechnet worden sind.

Offenbar hängen diese Abweichungen vom allgemeinen Verhalten während der warmen Jahreszeit mit dem jezt fühlbaren Nachlasse der Insolation zusammen, welche im Vergleich zu ihrem Verlaufe während der Sommermonate an Wintertagen viel schwächere Dimensionen annimmt.

Ihre geringe Intensität in Verbindung mit gesteigerter Wärmeausstrahlung bei Nacht verursacht unter Umständen eine weittragende Veränderung der physikalischen Beschaffenheit der Erdoberfläche, nämlich Gefrieren des Erdbodens.

Wenn dieser Umstand, wie wir früher gesehen haben (vergl. S. 65), schon den Verschiedenheiten zwischen der Temperatur des Wald- und Feldbodens in dieser Jahreszeit ihr karakteristisches Gepräge verliehen hat, so wird seine Beeinflussung der Wechselbeziehungen zwischen Boden- und Luftwärme im Freien und im Walde voraussichtlich noch viel hervorragender sein.

Wir trennen daher die aus Tafel V ersichtlichen Vorgänge, welche bei gefrorenem Boden sich abgespielt haben, von den übrigen Erscheinungen in denen uns das Abhängigkeitsverhältnis, welches Boden- und Lufttemperatur mit einander verbindet, entgegentritt, und tragen auf diese Weise, wie verlangt werden muss, der Verschiedenheit des physikalischen Zustandes Rechnung, in welchem sich die

Natur der Erdoberfläche

in beiden Fällen darbietet.

Bezeichnet man in seitheriger, der bekannten Zwecke halber befolgten Weise die Lufttemperatur in Kopfhöhe mit Lu, die Bodentemperatur an der Oberfläche mit Bo, so würden die zwei Hauptkategorien der Erscheinungen, welche zwischen beiden Wärmemedien sich beobachten lassen, durch die Formeln auszudrücken sein:

$\dfrac{Bo > Lu}{Bo < Lu}$, welche besagen:

An seiner Oberfläche ist der Boden $\dfrac{\text{wärmer}}{\text{kälter}}$ als die in $1\tfrac{1}{2}\,m$ darüber befindliche Luft

Bo > Lu möchte ich das Feld-, Bo < Lu das Waldsommergesez nennen. Die Temperaturunterschiede, welche durch die gewählte Form der Darstellung der sich ergebenden Regelmässigkeiten schon angedeutet sind und sich aus den Angaben der Tafel V berechnen bezw. der Tabelle 12 zu entnehmen sind, wurden in nachfolgender Skizze geeigneten Ortes beigefügt.

A. Bei ungefrorenem Boden

gilt das

1.) Feldsommergesez: Bo > Lu

a) auf freiem Felde regelmässig

sommers den ganzen Tag über, d. i. April bis November: um 0,2°
Ausnahmen: 1.) Sept. und Nov. vm Bo = Lu = 10,1°, resp. 1,9° (wie im Walde),
     2.) Okt. und April vm Bo < Lu (s. unten)

b) im Wald ausnahmsweise

Nov. vm um 0,2° (Übergang zum Winterverhalten).
  Das

2.) Waldsommergesez: Bo < Lu gilt

a) auf freiem Felde

α) nm regelmässig an solchen Wintertagen, wo der vm noch gefrorene Boden in der Mittagssonne auftaut: Jan. und Febr. um 0,8°

β) vm ausnahmsweis im $\begin{cases} \text{April um } 0,1° \\ \text{Okt. } \,\,\,\,\,\text{„}\,\,\,\, 0,2° \\ \text{Herbst „ } 0,1° \end{cases}$

b) im Walde

α) den ganzen Tag über sommers regelmässig, Apr. bis Nov. um 0,4°
Ausnahmen: 1.) Sept. vm Bo = Lu = 9,6° ⎫
              2.) Nov. „ Bo > Lu (s. oben) ⎬ (wie auf freiem Felde)
       Herbst Bo = Lu = 5,7°

β) nm regelmässig an Wintertagen, wo der Boden auftaut . . . . Jan. u. Febr. um 0,5°

B. Bei gefrorenem Boden (winters)

gilt das

1.) Feldsommergesez: Bo > Lu

a) auf freiem Felde

bei starkem, den ganzen Tag anhaltenden Frost: Dez. u. März um 0,4°

b) im Walde

α) den ganzen Tag über, wenn der Boden
nm nicht auftaut . . . . desgl. um 0,6°
Ausnahme: März nm Bo = Lu = 1,2°

β) vm an solchen Wintertagen, wo eben-
genanter Fall eintritt und morgens der
Boden zwar nicht mehr fest gefroren ist,
seine Temperatur jedoch sich nur schwach
über den Nullpunkt erhebt . . . . . Jan. u. Febr. um 0,1°
Ausnahme: Jan. Bo = Lu = 0,1°

2.) Waldsommergesez: Bo < Lu

auf freiem Felde

an Wintertagen bei schwacher Kälte vm . . Jan. u. Febr. um 0,4°.

Dass die Feldsommerregel (Bo > Lu), welche den gewöhnlichen Gang der Boden- und Lufterwärmung zum Ausdrucke bringt, auch winters im Felde sowohl als im Walde gilt, wird nicht allzusehr befremden. Allein der Umstand erscheint auf den ersten Anblick sonderbar, dass sie dort nur bei fest gefrorenem Boden eintritt, also nur dann, wenn von erheblicher Einwirkung der Sonnenstrahlen nicht die Rede sein kann (B. 1. a).

Tritt aber eine solche Wirkung ein, d. h. ist der Erdboden an seiner Oberfläche unter dem Einflusse der Mittagssonne aufgetaut (Januar, Februar) oder eben (vm) nur schwach gefroren, so werden offenbar die Wärmestrahlen von dem nach dem Erdinnern zu noch gefrorenen (erst in grösserer Tiefe wärmer werdenden) Boden nur in geringer Menge absorbirt, zum grössten Teile reflektirt und kommen auf diese Weise der Luft zu gute, so dass unter solchen Voraussezungen Lu > Bo d. h. die sommerliche Waldregel (Bo < Lu) zur Geltung gelangt (A. 2. a).

Dass diese leztere umgekehrt lautet, als diejenige für das freie Ackerfeld, ist allem Anscheine nach von folgenden Umständen herzuleiten.

Die Waldluft kann die ihr zukommende Wärme unmöglich allein

vom Erdboden beziehen. Dessen direkte Bestrahlung ist ja durch das Waldkronendach in hohem Mass eingeschränkt. Offenbar rührt die Wärme des Waldinnern auch von den Baumstämmen her, welche die Waldluft umgibt. Jene müssen von den allerdings in geringer Menge durch die Kronen der Bäume ins Innere fallenden Sonnenstrahlen wie der Boden, wenn auch mit schwacher Intensität, getroffen werden und werfen in gleicher Weise wie dieser die Wärmestrahlen zurück, die alsdann zu direkter Erhöhung der Lufttemperatur beitragen.

Um Missverständnissen vorzubeugen, bemerke ich, dass es sich nicht um eine von etwaiger

Eigenwärme der Waldbäume

herrührende Wärmezufuhr handelt, sondern um den bekannten einfachen Vorgang der Reflexion der Sonnenstrahlen, die bei der geringen Absorptionsfähigkeit der Baumstämme von diesen so gut oder noch besser als vom Erdboden wird besorgt werden können.

Der Baum ist zwar im Winter morgens nach Krutzsch's Untersuchungen[1]) sowohl im Stamm als in den Aesten wärmer als die Luft. Diese Thatsache steht aber nicht, wie man denken könnte, mit einer direkten Steigerung der Baumwärme im Zusammenhange, sondern erscheint in der Hauptsache als Folge der rascheren und stärkeren nächtlichen Abkühlung der Aussenluft.

Sonst d. h. zur Vegetationszeit ist die Baumwärme nach Krutzsch und Th. Hartig[2]) bei Tage fast immer geringer als die der Aussenluft, von welcher sie ausser vom aufsteigenden Safte abhängt, dessen Wasser die Temperatur der Bodenschichten welchen es entstammt, zeigen und im allgemeinen bei seiner grossen Wärmekapazität auf eine Erniedrigung der Baumtemperatur hinarbeiten wird.

Dieses Abhängigkeitsverhältnis stellt Krutzsch so dar, als ob die oberen Stammteile von der Lufttemperatur, die tieferliegenden Wurzeln von der Bodentemperatur ausschliesslich ihre Wärme erhalten würden. Gleichzeitiger Einwirkung beider würden die der Erdoberfläche näherliegenden Teile des Stammes, sowie die nur in geringer Tiefe unter derselben befindlichen Wurzeln ausgesezt sein, ohne dass jedoch eine Grenze gezogen werden könne, bis zu welcher Höhe des Stammes die Einwirkung der Bodentemperatur reicht und bis zu welcher Tiefe die Lufttemperatur Einfluss auf die Wurzeln ausübt (a. a. O. S. 264).

---

[1]) Untersuchung über die Temperatur der Bäume im Vergleiche zur Luft- und Bodentemperatur, Tharander Jahrbuch, 1854, 10. Bd., S. 214 ff.

[2]) Ueber die Temperatur der Baumluft in der Allgemeinen Forst- und Jagd-Zeitung, Jahrgang 1873, Januarheft S. 7.

Zweifellos geht die Wirksamkeit der Bodentemperatur, abgesehen von der oben schon berührten Thätigkeit des Bodenwassers, weit am Stamme hinauf, wie sich alsbald zeigen wird.

Obige Angaben, wonach die Bäume an Wintermorgen wärmer, im Frühling, Sommer und Herbste dagegen kälter als die Aussenluft sein sollen, werden nämlich durch Ebermayer, der auf den sechs bairischen Waldstationen, an denen Beobachtungen über die Luftwärme u. s. w. angestellt wurden, auch Messungen der Baumtemperatur vorgenommen hat, für die Temperatur des Baumstammes in Kopfhöhe durchaus bestätigt, nur teilweis auch für die im Gipfel. Es sind die Morgenbeobachtungen der Baumwärme in der Krone für die Wintermonate bedauerlicherweise fast auf sämtlichen Stationen ausgefallen.

Jene Uebereinstimmung muss umsomehr überraschen, als Krutzsch nicht im geschlossenen Bestande stehende Bäume, sondern einen Ahorn und eine Föhre untersucht hat, welche mit mehreren anderen Bäumen und verschiedenen Sträuchern eine Gruppe seines Gartens bildeten.

Was oben von der Baumtemperatur gesagt ist, passt nach unseren St. Johanner Beobachtungen vollständig auf den Waldboden. Er ist sommers kälter und winters bei gefrorenem Boden, also in der Hauptsache morgens, wärmer als die über ihm ruhende Luft.

So wird gewiss der Schluss berechtigt sein, dass die Steigerung der Baumwärme, welche für Wintermorgen ausser allem Zweifel steht, nicht allein in der raschen und grösseren Abkühlung der Aussenluft zu suchen, sondern ausserdem durch Wärmebezug im Wege der Leitung vom Boden her veranlasst sei.

Dagegen dürfte der oben angeführte Einfluss der Lufttemperatur mehr auf die oberen Stammpartieen beschränkt, eine nennenswerte Beeinflussung der auch der Oberfläche näher liegenden Wurzeln in Bezug auf ihre Innenwärme vollends als ausgeschlossen zu betrachten sein. Diese Vermutung steht wenigstens nicht im Widerspruche mit der Ansicht Th. Hartig's, der gefunden hat dass, sobald die durchschnittliche Bodenwärme höher sei als die Aussenluft, auch die mittlere Tageswärme des Baumes über leztere sich erhebe.

Diese scheinbare Eigenwärme der Baumstämme ist, wie schon Krutzsch bemerkte, so gering, dass sie bei der schwachen Leitungsfähigkeit namentlich der Rinde nicht zur Erhöhung der Lufttemperatur beitragen kann.

Es ist ja aber auch nur im Sommer die Waldluft wärmer als der Waldboden, die Bäume dagegen um diese Jahreszeit kälter als die Aussenluft.

Wenn jene trozdem oben für diese Jahreszeit als Wärmespender bezeichnet worden sind, so kann eine derartige Wirksamkeit ihrerseits nur in der Reflexion etwaiger an die Oberfläche der Stämme gelangten Wärmestrahlen bestehen.

Das hiedurch im Waldinnern herbeigeführte Verhältnis
$$Lu > Bo$$
muss daher ausser sommers auch winters dann eintreten, wann die Erwärmungsvorgänge ähnlich wie im Sommer sich abspielen, nämlich bei stärkerer Insolation, derzufolge der Erdboden auftaut (A. 2. b.).

Anders bei gefrorenem Boden, also mangelnder oder zum mindesten sehr schwach nur sich geltend machender Einwirkung der Sonnenstrahlen! Tafel V enthält kein einziges Beispiel von $Lu > Bo$ für Monate mit gefrorenem oder nur wenig über dem Nullpunkt temperirten Waldboden (nur auf freiem Felde tritt dieser Fall bei schwacher Kälte ein, vergl. B. 2).

Von diesem Augenblick an können bei so geringfügiger Thätigkeit der Sonnenstrahlen die Bäume als Wärmespender nicht mehr figuriren, und zwar nicht einmal als Reflektoren. Denn an sich schon ist das ins Waldinnere um diese Jahreszeit, zumal durch das Kronendach eines geschlossenen Fichtenbestandes, dringende Quantum Sonnenstrahlen erheblich gering. Jezt liegen die Verhältnisse im Walde ähnlich wie auf freiem Felde bei festgefrorenem Boden. Die Luft ist mit ihrem Wärmebezug ausschliesslich auf den Boden angewiesen, es gilt somit:
$$Bo > Lu \text{ (B. 1. b)}.$$

Man wird vielleicht in meinen seitherigen Auseinandersezungen die Erwähnung der Art des Bodenüberzugs vermissen, dem eine so wesentliche Rolle bei der Erwärmung der Erd- wie der Luftschichten zufällt.

Vor allem wird auffallen dass bei Erläuterung der im Winter erhobenen Zahlen und darauf gebauten Schlüsse der Umstand, ob Schnee gelegen oder nicht, keine Berücksichtigung fand. Es hat sich nämlich troz ernstlicher Versuche die Gruppirung der besprochenen Wärmevorgänge in Boden und Luft, sowie ihrer Wechselbeziehungen zu einander, nach dem Gesichtspunkte des Vorhandenseins oder Fehlens einer Schneedecke schlechterdings als Unmöglichkeit erwiesen, so sehr dieses negative Ergebnis mit Rücksicht auf die von Schmid[1]) hervorgehobene Thatsache zu beklagen ist, dass ein Schneeüberzug während strenger Winterkälte wärmend auf die Bodenoberfläche wirkt, weil diese, je mächtiger die Schneehöhe, umso mehr unter die Bedingungen tiefer gelegener Erdschichten gestellt wird.

---

1) a. a. O. S. 227.

Das Fehlschlagen der versuchten Diskussion unter Zugrundelegung des erwähnten Gesichtspunktes ist vor allem dem Umstande zuzuschreiben, dass wir es mit **monatlichen Durchschnittstemperaturen** zu thun haben, während die Zahl der Tage mit Schneefall innerhalb der einzelnen Monate begreiflicherweise ungemein variirt.

Ich musste nun schon bei Besprechung der nächtlichen Wärmeausstrahlung (S. 27) darauf hinweisen, dass die Dauer des Schuzes, welchen eine etwaige Schneedecke dem Waldboden oder dem freien Ackerfeld angedeihen liess, aus den Beobachtungsjournalen mit Leichtigkeit ermittelt werden kann. Die beiden auf diese Weise konstatirten Zeitabschnitte stimmen aber nur in den seltensten Fällen völlig mit einander überein. Denn oftmals trat ein Ereignis ein, das sich allerwärts, namentlich in Nadelwäldern, häufig zutragen wird und darin besteht, dass nach nur mässigem Schneefall besonders bei Windstille auf dem Boden der Feldstation eine mitunter ziemlich namhafte Schneedecke sich bildet, während der Waldboden einer solchen noch entbehrt, weil fast aller Schnee in den im Winter nicht durch Laubabfall gelockerten Baumkronen des unsere Waldstation bergenden Fichtenstangenholzes hängen bleibt und erst allmählich bei Wind u. s. w. auf den Erdboden gelangt.

So blieb mir keine andere Wahl als, wie geschehen, von einer Erscheinung auszugehen, welche aus dem Zyklus der ermittelten Zahlenergebnisse heraus von selbst in die Augen sprang, nämlich von der Thatsache, ob der Boden negativ temperirt d. h. gefroren war oder nicht.

In Hinsicht auf den eigentlichen Bodenüberzug, an dessen Einfluss man bei schneelosen Tagen denken könnte, ist zu bemerken, dass, wie S. 33 zu entnehmen, der Boden unserer Feldstation mit Gras bewachsen, derjenige der Waldstation ohne Moosüberzug nur mit abgefallenen Nadeln bedeckt ist. Bei Berücksichtigung dieser thatsächlichen Beschaffenheit der beiden zur Vergleichung dienenden Medien wird an die Möglichkeit einer aus diesem Grunde besonders hervortretenden Verschiedenheit der thermischen Vorgänge an und über der Erdoberfläche in Wald und Feld, zumal im Winter, kaum zu denken sein: Verdorrtes Gras und lose umhergestreute abgestorbene Fichtennadeln werden in ihrem physikalischen Verhalten in Bezug auf Erwärmung und Verstrahlung nicht allzu weit auseinander stehen.

In Wirklichkeit hat aber — wenn auch nicht deutlich ausgesprochener Massen — die angedeutete Einwirkung der Bodendecke, deren Einfluss selbstverständlich keineswegs in Abrede gezogen werden soll, insofern Berücksichtigung gefunden, als die Verhältnisse, wie sie sich bei gefrorenem und ungefrorenem Erdboden abspielen, streng auseinander gehalten worden sind. Sobald jene Thatsache des Gefrorenseins in die Erscheinung tritt, hat ja die Mitwirkung des Bodenüberzuges nach Mass und Zeit bereits stattgefunden. Mit diesem Zeitpunkte hat dann auch neben dem Einflusse der Bodendecke die Natur der eigentlichen Erdoberfläche bereits mitgesprochen, wenn überhaupt der in Bezug auf physikalische Beschaffenheit allerdings vorhandene Unterschied (beinahe vollkommene Steinlosigkeit des Bodens der Waldstation, grosser Steinreichtum desjenigen der Feldstation) die Vorgänge der Wärmezu- und -ausstrahlung erheblich zu beeinträchtigen im Stand ist.

Der praktische Hintergrund für die Wichtigkeit derartiger Untersuchungen über den Einfluss des Waldes auf die Beziehungen der Boden- zur Lufttemperatur ergibt sich aus der Thatsache dass, wie schon Ebermayer (a. a. O. S. 45) hervorgehoben hat, im Frühjahre zwischen diesen beiden Wärmestadien häufig sehr bedeutende Differenzen vorkommen, welche für gewisse Pflanzen nachteilig werden können. Die Erklärung hiefür ist einfach. Im Frühling erwacht mit energischer Zunahme der Luftwärme die Vegetation, während im Boden noch die Winterkälte steckt.

War ja laut Tafel V im April sogar die Luft unseres Fichtenhorstes in Kopfhöhe vormittags um einen ganzen Grad wärmer als der Boden. Auf dem schroffen Temperaturwechsel aber, der durch erhebliche Nachtkälte und rasche Wiedererwärmung seitens der Morgensonne veranlasst ist, beruht die grössere Frostgefährlichkeit von Ost- und Südseiten[1]). Dagegen fällt der grosse Unterschied, wie er im Mai nachmittags zwischen Waldluft und -boden beobachtet worden ist, (1,5°, das Maximum der Differenz Lu > Bo) weniger ins Gewicht.

Zur Verhütung der Spätfrostgefahr in Weinbergen und Gärten hat man schon durch Verbrennen tüchtigen Rauch erzeugender Brennstoffe künstliche Wolken hergestellt, welche lange liegen bleiben und somit die Wärmeausstrahlung des Bodens, die erste Ursache des Frostes, verhindern sollen. Diese Massregel kam zu Paris im Frühjahr 1873, zu Tübingen im Anfange dieses Jahrhunderts, in Peru schon zur Zeit der Entdeckung Amerikas in Anwendung[2]), während sie für den Forsthaushalt bei der Ausdehnung unserer jungen Schonungen freilich beinahe gegenstandslos erscheint und höchstens in eben gelegenen Saatschulen, wo sich nicht wie

---

1) Vergl. Nördlinger, Lehrbuch des Forstschuzes, 1884. S. 346.
2) Vergl. Allgemeine Forst- und Jagdzeitung, Jahrgang 1874, Juniheft S. 211.

im hügeligen oder Gebirgsgelände nächtliche, den Thälern zusteuernde Luftströmungen entwickeln, welche den erzeugten Rauch fortführen würden, in beschränktem Umfange versucht zu werden verdiente.

II. Einfluss des Waldes auf die Beziehungen zwischen den Jahresmitteln der Boden- und Lufttemperatur.

Wir haben im vorigen Abschnitte gesehen, wie gross infolge der verschiedenen Art und Weise, auf welche die Waldbestockung im Vergleiche zum unbedeckten Ackerfelde die Wärmeverteilung in der Atmosphäre beeinflusst, die Veränderungen sind, welche die Wechselbeziehungen zwischen Boden- und Lufttemperatur das Jahr über erfahren. Will man die lezteren für den Durchschnitt einer ganzen Jahresperiode kennen lernen, so offenbart sich bei Prüfung der Zahlen auf Tafel V folgende Thatsache.

Während unter Zugrundelegung der mittleren Jahrestemperatur die Differenzen Bo > Lu im Freien vm (0,3°) und nm (0,2°) nur unerheblich sich ändern, tritt der gegenteilige Fall im Walde ein. Hier beträgt der Nachmittagsunterschied für Lu > Bo ein vielfaches (0,7°) von der Morgendifferenz (0,1°).

Diese auf den ersten Blick sonderbare Abweichung des Waldes von seinem sonstigen Verhalten, das, wie wir bisher stets erfahren haben, in Abstumpfung der Extreme besteht, ist begründet in dem Gange des Erwärmungsprozesses welchen die Innenluft desselben durchmacht. Während im Freien der Boden und die Luft nachmittags annähernd um dieselben Temperaturunterschiede (1,9° und 2,0°) wärmer sind als vormittags, nimmt im Walde der Boden von morgens 8 Uhr bis nachmittags 5 Uhr blos um 1,4°, die Luft wie auf freiem Felde um 2,0°, also um 0,6° mehr zu als die Erdoberfläche. Dieses Plus verdankt offenbar seine Entstehung der Wirksamkeit der S. 84 besprochenen Wärmequelle, nämlich den Baumstämmen des Waldbestandes. Diese werden morgens von den Sonnenstrahlen noch nicht getroffen — nur die Baumgipfel können von der Morgensonne bestrahlt werden —, sondern erst über Mittag beschienen (allerdings immer nur in nach wie vor beschränktem, durch die Dichte des Kronendaches bedingten Umfang). Auf diese Weise sind sie in den Stand gesezt, nachmittags zur Erwärmung der Luft in Kopfhöhe reflektirte Wärme zu liefern, welche die mächtige Erhöhung der Lufttemperatur im Gegensaze zur Bodenwärme veranlasst.

Unter Berücksichtigung der in Tabelle 12 (S. 80) berechneten Tagesmittel beträgt die Walddifferenz Bo < Lu (0,4°) noch das doppelte des Unterschiedes Bo > Lu auf freiem Felde (0,2°).

Eine solche weitere Wärmebezugsquelle (wie die Stammoberfläche der Waldbäume) steht der Feldluft eben nicht zu Gebote. Trozdem besizt ihre Temperatur das ganze Jahr über einen Vorsprung vor derjenigen der Waldluft in Kopfhöhe. Er hat im Durchschnitte der 3 Jahrgänge 1881—83 laut Tabelle 11 (S. 77) sich auf 0,8° belaufen.

Somit erklärt sich vollständig die ebendaselbst ersichtliche Thatsache, dass im $\frac{\text{Freien}}{\text{Walde}}$ die mittlere Jahrestemperatur $\frac{\text{des Erdbodens}}{\text{der Luft in Kopfhöhe}}$ während dieses Zeitraums um $\frac{0,6}{0,2}$ Grad wärmer gewesen ist als das Jahresmittel der $\frac{\text{Lufttemperatur in Kopfhöhe}}{\text{gesamten Bodentemperatur}}$.

An der Hand der in zitirter Tabelle niedergelegten Zahlenangaben lässt sich zum Schlusse die Richtigkeit eines Sazes der allgemeinen Klimatologie nachweisen, der nach Hann (a. a. O. S. 33) lautet:

„Die Jahresmittel der Bodentemperatur in 1 m Tiefe sind durch-
„schnittlich um einen Grad höher als jene der Lufttemperatur."[1])

Im Durchschnitte der genannten drei Kalenderjahre betragen im Freien die Jahresmittel der Luftwärme in $1\frac{1}{2}$ m vom Boden 7,0°, die der Bodenwärme in 0,9 m unterhalb der Oberfläche (Etage V) 7,9°, also 0,9° mehr als jene der Lufttemperatur.

Im Walde dagegen ist leztere im Jahresdurchschnitte, wie man sieht, stets grösser als die Bodentemperatur in irgend welcher Tiefe. Die Unterschiede sind aber keineswegs bedeutend.

---

1) Vergl. auch Schmid a. a. O. S. 227.

Monatmittel der Lufttemperatur

	im Freien (Fd)					im Walde							
						in Kopfhöhe (Kpf)					in der Baum		
	nachts	bei Tage				nachts	bei Tage				nachts	bei	
	mi	mg	ma	nm	med	mi	mg	ma	nm	med	mi	mg	ma
März . . .	−6,6	−2,5	2,2	−0,6	−0,3	−6,8	−3,1	−0,8	−1,2	−1,7	−6,2	−3,1	−0,5
April . . .	−0,5	−6,2	10,9	8,7	8,6	−0,2	5,3	8,4	7,3	7,0	0,8	5,8	9,0
Mai	4,5	10,2	17,0	13,2	13,5	5,4	9,2	14,3	12,2	11,9	6,1	9,8	15,2
Frühling .	−0,9	4,6	10,0	7,1	7,2	−0,5	3,8	7,3	6,1	5,7	0,2	4,2	7,9
Juni . . .	7,2	14,2	20,2	16,0	16,8	8,5	12,2	16,2	14,4	14,3	9,3	12,9	17,6
Juli	8,3	14,1	20,6	15,7	16,8	9,3	12,3	15,9	13,9	14,0	9,7	12,9	17,5
August . . .	6,3	13,8	21,1	16,3	17,1	8,9	12,1	16,7	14,6	14,5	9,9	13,2	18,1
Sommer .	7,3	14,0	20,6	16,0	16,9	8,9	12,2	16,3	14,3	14,3	9,6	13,0	17,7
September .	6,1	10,1	17,3	11,4	12,9	7,3	9,6	13,2	11,2	11,3	7,7	10,0	14,3
Oktober . .	2,0	6,8	11,0	8,3	8,7	2,4	5,9	8,3	7,3	7,2	2,9	6,2	8,9
November . .	−1,4	1,9	5,8	3,2	3,6	−1,5	1,5	4,0	3,1	2,9	−0,8	1,7	4,5
Herbst .	2,2	6,3	11,4	7,6	8,4	2,7	5,7	8,5	7,2	7,1	3,3	6,0	9,2
Dezember . .	−4,9	−2,2	0,0	−1,8	−1,3	−5,1	−2,3	−1,1	−1,9	−1,8	−4,3	−2,1	−0,8
Januar . . .	−2,5	0,3	3,9	2,3	2,2	−2,7	0,1	2,6	1,6	1,4	−1,5	0,8	3,3
Februar . .	−3,0	0,4	6,3	3,9	3,5	−2,9	0,1	4,1	3,2	2,5	−1,7	0,6	4,6
Winter .	−3,5	−0,5	3,4	1,5	1,5	−3,6	−0,7	1,9	1,0	0,7	−2,5	−0,2	2,4
Jahresmittel	1,3	6,1	11,3	8,1	8,5	1,9	5,2	8,5	7,2	7,0	2,7	5,7	9,3

93

Tafel I.

zu St. Johann im Jahr 1883/84

krone (Bk)		im Freien (Fd)		Tagesmittel im Walde				im Freien (Fd)	im ganzen im Walde		Bemerkung
				in Kopfhöhe (Kpf)		in der Baumkrone (Bk)			in Kopfhöhe (Kpf)	in der Baumkrone (Bk)	
Tage											
nm	med	mg-nm	mi-ma	mg-nm	mi-ma	mg-nm	mi-ma				
− 1,1	− 1,6	− 1,6	− 2,2	− 2,2	− 3,8	− 2,1	− 3,3	− 1,9	− 3,0	− 2,7	Die Zahlen in der Rubrik "med" sind arithm. Mittel der Kolumnen mg, ma, nm, u. stellen die eigentliche Tagestemperatur (mit Ausschluss d. mi-Beobachtung) dar.
7,5	7,4	7,4	5,2	6,3	4,1	6,7	4,9	6,3	5,2	5,8	
12,7	12,6	11,7	10,7	10,7	9,9	11,3	10,6	11,2	10,8	11,0	
6,4	6,2	5,8	4,6	4,9	3,4	5,3	4,1	5,2	4,2	4,7	
15,1	15,2	15,1	13,7	13,3	12,3	14,0	13,4	14,4	12,8	13,7	
14,4	14,9	14,9	14,5	13,1	12,6	13,6	13,6	14,7	12,9	13,6	
15,4	15,6	15,1	13,7	13,4	12,8	14,3	14,0	14,4	13,1	14,1	
15,0	15,2	15,0	14,0	13,3	12,6	14,0	13,7	14,5	12,9	13,8	
11,3	11,9	10,7	11,7	10,4	10,2	10,6	11,0	11,2	10,3	10,8	
7,6	7,6	7,5	6,5	6,6	5,4	6,9	5,9	7,0	6,0	6,4	
3,3	3,2	2,6	2,2	2,3	1,3	2,5	1,9	2,4	1,8	2,2	
7,4	7,5	6,9	6,8	6,4	5,6	6,7	6,3	6,9	6,0	6,5	
− 1,7	− 1,5	− 2,0	− 2,4	− 2,1	− 3,1	− 1,9	− 2,5	− 2,2	− 2,6	− 2,2	
2,2	2,1	1,3	0,7	0,8	0,0	1,5	0,9	1,0	0,4	1,2	
3,5	2,9	2,2	1,6	1,6	0,6	2,0	1,4	1,9	1,1	1,7	
1,3	1,2	0,5	0,0	0,1	− 0,8	0,5	− 0,1	0,2	− 0,4	0,2	
7,5	7,5	7,1	6,3	6,2	5,2	6,6	6,0	6,7	5,7	6,3	

Monatmittel der Luft

	sommers (1883)																	im ganzen		
	im Freien (Fd)					im Walde														
						in Kopfhöhe (Kpf)					in der Baumkrone (Bk)						im Freien (Fd)	in Kopfhöhe Kpf	in der Baumkrone (Bk)
	nachts	bei Tage				nachts	bei Tage				nachts	bei Tage							
	mi	mg	ma	nm	med	mi	mg	ma	nm	med	mi	mg	ma	nm	med				
April	−0,5	6,2	10,9	8,7	8,6	−0,2	5,3	8,4	7,8	7,0	0,8	5,8	9,0	7,5	7,4	6,3	5,2	5,8
Mai	4,5	10,2	17,0	13,2	13,5	5,4	9,2	14,3	12,2	11,9	6,1	9,8	15,2	12,7	12,6	11,2	10,3	11,0
Juni	7,2	14,2	20,2	16,0	16,8	8,5	12,2	16,2	14,4	14,3	9,3	12,9	17,6	15,1	15,2	14,4	12,8	13,7
Juli	8,3	14,1	20,6	15,7	16,8	9,3	12,3	15,9	13,9	14,0	9,7	12,8	17,5	14,4	15,3	14,7	12,9	13,6
August	6,3	13,8	21,1	16,3	17,1	8,9	12,1	16,7	14,6	15,6	9,9	13,2	18,1	15,6	15,8	14,4	13,1	14,2
September	6,1	10,1	17,3	11,4	12,9	7,3	9,6	13,2	11,2	11,3	7,7	10,0	14,3	11,3	11,9	11,2	10,3	10,8
Oktober	2,0	6,8	11,0	8,3	8,7	2,4	5,9	8,8	7,3	7,2	2,9	6,2	8,9	7,6	7,6	7,0	6,0	6,4
durchschnittlich	4,8	10,8	16,9	12,8	13,5	5,9	9,5	13,8	11,6	11,5	6,6	10,1	14,4	12,0	12,2	11,3	10,1	10,8

	im Freien (Fd)				
	nachts	bei Tage			
	mi	mg	ma	nm	med
November . . .	0,6	4,2	9,0	6,4	6,5
Dezember . . .	−4,4	−1,7	1,8	−0,4	−0,1
Januar	−5,8	−2,3	4,9	1,0	1,2
Februar	−5,8	−1,1	5,5	3,0	2,5
März	−1,4	5,0	10,9	8,8	8,2
Winter 1881/82	−3,4	0,8	6,4	3,8	3,7
November . . .	−0,5	3,8	5,0	3,1	3,8
Dezember . . .	−4,1	−0,6	2,4	0,9	0,9
Januar	−4,7	−1,6	1,8	−0,6	−0,1
Februar	−3,0	0,3	4,3	2,6	2,4
März	−6,6	−2,5	2,2	−0,6	−0,3
Winter 1882/83	−3,8	−0,2	3,1	1,1	1,3
November . . .	−1,4	1,9	5,8	3,2	3,6
Dezember . . .	−4,9	−2,2	0,0	−1,8	−1,3
Januar	−2,5	0,3	3,9	2,3	2,2
Februar	−3,0	0,4	6,3	3,9	3,5
März	−2,0	4,0	9,8	7,7	7,2
Winter 1883/84	−2,8	0,9	5,2	3,1	3,1
durchschnittlich	−3,3	0,5	4,9	2,7	2,7

Tafel II.

temperatur zu St. Johann

winters (1881/84)

	im Walde									im ganzen		
	in Kopfhöhe (Kpf)					in der Baumkrone (Bk)				im Freien (Fd)	im Walde	
	nachts	bei Tage				nachts	bei Tage				in Kopf- höhe (Kpf)	in der Baum- krone (Bk)
	mi	mg	ma	nm	med	mi	mg	ma	nm	med			
1,2	3,7	7,0	6,0	5,6	1,6	4,3	7,6	6,5	6,1	5,0	4,5	5,0
−3,6	−1,7	0,3	−0,2	−0,5	−3,3	−1,2	1,3	0,2	0,1	−1,2	−1,3	−0,8
−4,2	−2,0	2,4	0,8	0,4	−3,4	−0,3	3,3	1,3	1,4	−0,5	−0,8	0,2
−4,3	−1,2	3,3	2,1	1,4	−3,4	−0,3	4,1	2,8	2,2	0,4	0,0	0,8
0,1	4,3	8,8	7,8	7,0	1,3	5,0	9,4	8,1	7,5	5,8	5,2	5,9
−2,2	0,6	4,4	3,3	2,8	−1,4	1,5	5,1	3,8	3,5	1,9	1,5	2,2
−1,0	2,7	4,0	2,7	3,1	−0,2	2,9	4,4	2,8	3,4	2,5	2,1	2,5
−4,0	−0,7	1,3	0,1	0,2	−3,1	−0,2	1,9	0,5	0,7	−0,3	−0,8	−0,2
−4,8	−1,7	0,6	−1,0	−0,7	−4,2	−1,5	0,9	−0,5	−0,4	−1,3	−1,7	−1,3
−2,8	0,2	2,6	2,0	1,6	−2,1	0,4	3,2	2,3	2,0	1,0	0,5	0,9
−6,8	−3,1	−0,8	−1,2	−1,7	−6,2	−3,1	−0,5	−1,1	−1,6	−1,9	−3,0	−2,7
−3,9	−0,5	1,5	0,5	0,5	−3,2	−0,3	2,0	0,8	0,8	0,0	−0,6	−0,2
−1,5	1,5	4,0	3,1	2,9	−0,8	1,7	4,5	3,3	3,2	2,4	1,8	2,2
−5,1	−2,3	−1,1	−1,9	−1,8	−4,3	−2,1	−0,8	−1,7	−1,5	−2,2	−2,6	−2,2
−2,7	0,1	2,6	1,6	1,4	−1,5	0,8	3,3	2,2	2,1	1,0	0,4	1,2
−2,9	0,1	4,1	3,2	2,5	−1,7	0,6	4,6	3,5	2,9	1,9	1,1	1,8
−1,3	3,3	7,0	6,4	5,6	0,1	3,5	7,4	6,7	5,9	4,9	3,8	4,4
−2,7	0,5	3,3	2,5	2,1	−1,6	0,9	3,8	2,8	2,5	1,6	0,9	1,5
−2,9	0,2	3,1	2,1	1,8	−2,1	0,7	3,6	2,5	2,3	1,2	0,6	1,2

Anmerkung. Die Zahlen in der Rubrik „med" sind arithmetische Mittel der Kolumnen mg, ma, nm und stellen die eigentliche Tagestemperatur dar.

Mittlere Monatstemperaturen des bewaldeten (W) und nicht St. Johann im

		vormittags					nachmittags					
	I Ober-fläche	II 0,15m	III 0,30	IV 0,60	V 0,90	VI 1,20m	I Ober-fläche	II 0,15m	III 0,30	IV 0,60	V 0,90	VI 1,20m
März F	−2,0	0,3	0,2	1,3	2,2	2,5	−0,4	0,4	0,2	1,3	2,2	2,5
März W	−2,3	0,7	0,3	1,3	2,0	2,4	−1,2	0,7	0,3	1,3	2,0	2,4
April F	6,1	3,8	3,3	3,4	3,4	3,2	8,8	4,1	3,3	3,5	3,4	3,2
April W	4,3	2,3	1,9	1,7	2,2	2,4	6,2	2,4	1,9	1,8	2,2	2,4
Mai F	11,5	10,1	9,8	8,8	7,8	7,0	14,0	10,5	9,8	8,8	7,8	7,1
Mai W	8,5	7,5	6,9	5,8	5,1	4,7	10,7	7,6	6,9	5,8	5,1	4,8
Frühling F	5,2	4,7	4,4	4,5	4,5	4,2	7,5	5,0	4,4	4,5	4,5	4,3
Frühling W	3,5	3,5	3,0	2,9	3,1	3,2	5,2	3,6	3,0	3,0	3,1	3,2
Juni F	15,7	13,7	13,6	12,5	11,3	10,4	16,8	14,2	13,6	12,5	11,3	10,5
Juni W	11,7	10,8	10,2	9,0	8,0	7,4	13,2	10,8	10,2	9,0	8,1	7,5
Juli F	14,7	15,2	15,0	14,4	13,5	12,6	16,5	15,6	15,0	14,4	13,5	12,6
Juli W	11,9	12,1	11,6	10,7	9,8	9,2	13,1	12,1	11,5	10,7	9,8	9,2
August F	14,1	14,3	14,0	13,7	13,2	12,7	16,5	14,7	14,0	13,7	13,2	12,7
August W	11,7	11,7	11,1	10,8	9,6	9,2	13,8	11,9	11,1	10,3	9,6	9,2
Sommer F	14,8	14,4	14,2	13,5	12,7	11,9	16,6	14,8	14,2	13,5	12,7	11,9
Sommer W	11,8	11,5	11,0	10,0	9,1	8,6	13,4	11,6	10,9	10,0	9,2	8,6
September F	10,1	12,7	12,6	13,1	12,6	12,5	11,9	12,8	12,5	13,0	12,6	12,5
September W	9,6	11,3	10,6	10,7	10,0	9,7	10,8	11,3	10,5	10,3	10,0	9,7
Oktober F	6,6	8,3	8,2	9,5	9,8	10,2	8,5	8,4	8,1	9,5	9,8	10,2
Oktober W	5,7	7,4	7,2	7,7	8,1	8,2	6,7	7,4	7,2	7,7	8,1	8,2
November F	1,9	4,8	4,7	6,5	7,3	7,9	3,3	4,8	4,6	6,5	7,2	7,9
November W	1,7	4,4	4,4	5,4	6,3	6,6	2,9	4,4	4,3	5,4	6,3	6,6
Herbst F	6,2	8,6	8,5	9,7	9,9	10,2	7,9	8,7	8,4	9,7	9,9	10,2
Herbst W	5,7	7,7	7,4	7,9	8,1	8,2	6,8	7,7	7,3	7,8	8,1	8,2
Dezember F	−1,9	1,6	1,5	3,4	4,3	5,0	−1,3	1,6	1,5	3,4	4,3	5,0
Dezember W	−1,5	1,6	1,6	2,8	3,9	4,5	−1,2	1,6	1,6	2,7	3,9	4,5
Januar F	−0,1	1,4	1,3	2,6	3,1	3,7	1,5	1,5	1,3	2,6	3,2	3,7
Januar W	0,1	1,6	1,5	2,1	2,9	3,4	1,1	1,6	1,5	2,1	2,9	3,4
Februar F	0,0	1,9	1,7	2,7	3,0	3,3	3,2	1,9	1,7	2,7	3,0	3,3
Februar W	0,3	2,5	2,4	2,7	3,2	3,4	2,6	2,5	2,4	2,7	3,2	3,4
Winter F	−0,7	1,6	1,5	2,9	3,5	4,0	1,1	1,7	1,5	2,9	3,5	4,0
Winter W	−0,4	1,9	1,8	2,5	3,3	3,8	0,8	1,9	1,8	2,5	3,3	3,8
Jahresmittel F	6,4	7,3	7,2	7,6	7,6	7,6	8,3	7,5	7,1	7,6	7,6	7,6
Jahresmittel W	5,1	6,2	5,8	5,8	5,9	5,9	6,5	6,2	5,7	5,8	5,9	5,9

Tafel III.

bewaldeten (F) Erdbodens in verschiedenen Tiefen zu Jahre 1883/84

		Tagesmittel						Bemerkung
		I	II	III	IV	V	VI	
		Oberfläche	0,15 m	0,30	0,60	0,90	1,20 m	
März	F	−1,2	0,3	0,2	1,3	2,2	2,5	Infolge einer am 29. Dezember 1880 durchgeführten Rektifikation waren die Ablesungen unserer Thermometer ohne Korrektur brauchbar. Eine abermalige, am 24. Februar 1885 vorgenommene Prüfung führte zu dem Resultate, dass auf der Feldstation das Bodenthermometer No. IV in 0,6 m Tiefe um 0,2° zu nieder, No. V in 0,9 m Tiefe um 0,2° zu hoch zeige. Nachdem seit dem erstgenannten Zeitpunkte mehr als 4 Jahre verstrichen waren, durfte dieser Erfund auch für die im Jahr 1883 erhobenen Daten nicht gänzlich vernachlässigt werden. Es erschien daher angemessen, eine Korrektur in oben gedachtem Sinne vom 1. September 1883 an anzubringen. Daher sind nebenstehende mit *) bezeichneten Zahlen um 0,2° höher, mit **) bezeichneten Zahlen um 0,2° niedriger als die seitens der forstlichen Versuchstation veröffentlichten Ergebnisse für das Kalenderjahr 1883.
	W	−1,7	0,7	0,3	1,3	2,0	2,4	
April	F	7,5	3,9	3,8	3,5	3,4	3,2	
	W	5,3	2,4	1,9	1,7	2,2	2,4	
Mai	F	12,7	10,3	9,8	8,8	7,8	7,1	
	W	9,6	7,6	6,9	5,8	5,1	4,7	
Frühling	F	6,3	4,8	4,4	4,5	4,5	4,3	
	W	4,4	3,6	3,0	2,9	3,1	3,2	
Juni	F	16,2	13,9	13,6	12,5	11,3	10,5	
	W	12,4	10,8	10,2	9,0	8,0	7,5	
Juli	F	15,6	15,4	15,0	14,4	13,5	12,6	
	W	12,5	12,1	11,5	10,7	9,8	9,2	
August	F	15,3	14,5	14,0	13,7	13,2	12,7	
	W	12,8	11,8	11,1	10,3	9,6	9,2	
Sommer	F	15,7	14,6	14,2	13,5	12,7	11,9	
	W	12,6	11,6	10,9	10,0	9,1	8,6	
September	F	11,0	12,7	12,6	13,1*)	12,6**)	12,5	
	W	10,2	11,3	10,6	10,5	10,0	9,7	
Oktober	F	7,6	8,4	8,1	9,5*)	9,8**)	10,2	
	W	6,2	7,4	7,2	7,7	8,1	8,2	
November	F	2,6	4,8	4,6	6,5*)	7,3**)	7,9	
	W	2,3	4,4	4,4	5,4	6,8	6,6	
Herbst	F	7,1	8,6	8,4	9,7	9,9	10,2	
	W	6,2	7,7	7,4	7,9	8,1	8,2	
Dezember	F	−1,6	1,6	1,5	3,4*)	4,3**)	5,0	
	W	−1,4	1,6	1,6	2,8	3,9	4,5	
Januar	F	0,7	1,5	1,3	2,6	3,2	3,7	
	W	0,6	1,6	1,5	2,1	2,9	3,4	
Februar	F	1,6	1,9	1,7	2,7	3,0	3,3	
	W	1,5	2,5	2,4	2,7	3,2	3,4	
Winter	F	0,2	1,7	1,5	2,9	3,5	4,0	[1]) Zur Vergleichung mit den Beobachtungsresultaten des Monates März, welcher winterlichen Karakter zeigt, wurden die Tagesmittel der Bodentemperatur für März 1884, wo der Erdboden nicht gefroren war, hier aufgeführt.
	W	0,2	1,9	1,8	2,5	3,3	3,8	
Jahresmittel	F	7,3	7,4	7,2	7,6	7,6	7,6	
	W	5,8	6,2	5,8	5,8	5,9	5,9	
März[1])	F	5,3	3,5	3,1	3,6	3,8	3,8	
	W	3,9	3,2	3,0	3,1	3,4	3,6	

Nördlinger.

Mittlere Monatstemperaturen des bewaldeten (W) und nicht zu St. Johann

	vormittags			nachmittags			vormittags		
	F	W	Diff.	F	W	Diff.	F	W	Diff.
	von der Oberfläche (einschliesslich)								
	a) $1/5$ m (I und II)						b) $1/2$ m		
März	−0,8	−0,8	—	0,0	−0,2	0,2	−0,5	−0,4	−0,1
April	5,0	3,3	1,7	6,4	4,3	2,1	4,4	2,8	1,6
Mai	10,8	8,0	2,8	12,3	9,2	3,1	10,5	7,6	2,9
Frühling	5,0	3,5	1,5	6,2	4,4	1,8	4,8	3,3	1,5
Juni	14,7	11,3	3,4	15,5	12,0	3,5	14,3	10,9	3,4
Juli	15,0	12,0	3,0	16,0	12,6	3,4	15,0	11,9	3,1
August	14,2	11,7	2,5	15,6	12,9	2,7	14,1	11,5	2,6
Sommer	14,6	11,7	2,9	15,7	12,5	3,2	14,5	11,4	3,1
September	11,4	10,4	1,0	12,4	11,1	1,3	11,8	10,5	1,3
Oktober	7,4	6,6	0,8	8,4	7,0	1,4	7,7	6,8	0,9
November	3,4	3,0	0,4	4,0	3,6	0,4	3,8	3,5	0,3
Herbst	7,4	6,7	0,7	8,3	7,2	1,1	7,8	6,9	0,9
Dezember	−0,1	0,0	−0,1	−0,2	0,2	−0,4	0,4	0,6	−0,2
Januar	0,7	0,9	−0,2	1,5	1,3	0,2	0,9	1,1	−0,2
Februar	1,0	1,4	−0,4	2,5	2,5	—	1,2	1,7	−0,5
Winter	0,5	0,8	−0,3	1,3	1,3	—	0,8	1,1	−0,3
Jahresmittel	6,9	5,7	1,2	7,9	6,3	1,6	7,0	5,7	1,3
	c) 1 m (I bis V)						d) $5/4$ m		
Frühling	4,7	3,2	1,5	5,2	3,5	1,7	4,6	3,2	1,4
Sommer	13,9	10,7	3,2	14,4	11,0	3,4	13,6	10,4	3,2
Herbst	8,6	7,4	1,2	8,9	7,5	1,4	8,9	7,5	1,4
Winter	1,7	1,8	−0,1	2,1	2,0	0,1	2,1	2,1	—
Jahresmittel	7,2	5,8	1,4	7,6	6,0	1,6	7,3	5,8	1,5

Anmerkungen. 1. Die Zahlen in den Rubriken „Differenz" zeigen an, um wieviel Grade der unbedeckte Feldboden wärmer (+) oder kälter (−) ist als der Waldboden.
2. Die Ziffern I bis VI bedeuten die einzelnen Tiefen, für welche im Freien und im Walde Messungen der Bodentemperatur angestellt werden.

Tafel IV.

bewaldeten (F) Erdbodens innerhalb verschiedener Schichten im Jahre 1883/84

nachmittags			Tagesmittel								
F	W	Diff.	F	W	Diff.	F	W	Diff.	F	W	Diff.
bis zu den Tiefen von									F) von ½ bis zu		
(I bis III)			B) ½ m (I bis III)			D) ¾ m (I bis VI)			⁵/₄ m (IV bis VI)		
0,0	−0,1	0,1	−0,2	−0,2	—	0,9	0,8	0,1	2,0	1,9	0,1
5,4	3,5	1,9	4,9	3,1	1,8	4,1	2,7	1,4	3,3	2,1	1,2
11,4	8,4	3,0	10,9	8,0	2,9	9,4	6,6	2,8	7,9	5,2	2,7
5,6	3,9	1,7	5,2	3,6	1,6	4,8	3,4	1,4	4,4	3,1	1,3
14,9	11,4	3,5	14,6	11,1	3,5	13,0	9,6	3,4	11,4	8,2	3,2
15,7	12,2	3,5	15,4	12,0	3,4	14,4	11,0	3,4	13,5	9,9	3,6
15,1	12,3	2,8	14,6	11,9	2,7	13,9	10,8	3,1	13,2	9,7	3,5
15,2	12,0	**3,2**	14,9	11,7	**3,2**	13,8	10,5	**3,3**	12,7	9,3	**3,4**
12,4	10,9	1,5	12,1	10,7	1,4	12,4	10,4	2,0	12,7	10,1	2,6
8,3	7,1	1,2	8,0	6,9	1,1	8,9	7,5	1,4	9,8	8,0	1,8
4,2	3,9	0,3	4,0	3,7	0,3	5,6	4,9	0,7	7,2	6,1	1,1
8,3	7,3	1,0	8,0	7,1	0,9	9,0	7,6	1,4	9,9	8,1	1,8
0,6	0,7	−0,1	0,5	0,6	−0,1	2,4	2,2	0,2	4,2	3,7	0,5
1,4	1,4	—	1,2	1,2	—	2,2	2,0	0,2	3,2	2,8	0,4
2,3	2,5	−0,2	1,7	2,1	−0,4	2,4	2,6	−0,2	3,0	3,1	−0,1
1,4	1,5	−0,1	1,1	1,3	−0,2	2,3	2,2	0,1	3,5	3,2	0,3
7,6	6,2	1,4	7,3	5,9	1,4	7,5	5,9	1,6	7,6	5,9	1,7
(I bis VI)			A) ⅕ m (I u. II)			C) 1 m (I bis V)			E) 1/20 b. ⁵/₄ m (II–VI)		
5,0	3,5	1,5	5,6	4,0	1,6	5,0	3,4	1,6	4,5	3,2	1,3
14,0	10,6	**3,4**	15,1	12,1	**3,0**	14,1	10,8	**3.3**	13,4	10,0	**3,4**
9,1	7,7	1,4	7,9	7,0	0,9	8,7	7,4	1,3	9,4	7,9	1,5
2,5	2,4	0,1	0,9	1,0	−0,1	1,9	1,9	—	2,7	2,7	—
7,6	6,0	1,6	7,4	6,0	1,4	7,4	5,9	1,5	7,5	5,9	1,6

3. Die Schichten, für welche diese Tabelle Monatmittel der Bodenwärme angibt, sind durch Zusammenfassung zweier oder mehrerer jener Tiefen entstanden.

Tafel V.

Mittlere Monatstemperaturen der Bodenoberfläche (Bo) und der Luft in Kopfhöhe (Lu) zu St. Johann im Jahre 1883/84

	im Freien						im Walde					
	vormittags			nachmittags			vormittags			nachmittags		
	Bo	Lu	Diff.	Bo	Lu	Diff.	Bo	Lu	Diff.	Bo	Lu	Diff.
März	−2,0	−2,5	0,5	−0,4	−0,6	0,2	−2,3	−3,1	−0,8	−1,2	−1,2	—
April	6,1	6,2	−0,1	8,8	8,7	0,1	4,3	5,3	1,0	6,2	7,3	1,1
Mai	11,5	10,2	1,3	14,0	13,2	0,8	8,5	9,2	0,7	10,7	12,2	1,5
Frühling	5,2	4,6	0,6	7,5	7,1	0,4	3,5	3,8	0,3	5,2	6,1	0,9
Juni	15,7	14,2	1,5	16,8	16,0	0,8	11,7	12,2	0,5	13,2	14,4	1,2
Juli	14,7	14,1	0,6	16,5	15,7	0,8	11,9	12,3	0,4	13,1	13,9	0,8
August	14,1	13,8	0,3	16,5	16,3	0,2	11,7	12,1	0,4	13,8	14,6	0,8
Sommer	14,8	14,0	0,8	16,6	16,0	0,6	11,8	12,2	0,4	13,4	14,3	0,9
September . . .	10,1	10,1	—	11,9	11,4	0,5	9,6	9,6	—	10,8	11,2	0,4
Oktober	6,6	6,8	−0,2	8,5	8,3	0,2	5,7	5,9	0,2	6,7	7,3	0,6
November . . .	1,9	1,9	—	3,3	3,2	0,1	1,7	1,5	−0,2	2,9	3,1	0,2
Herbst	6,2	6,3	−0,1	7,9	7,6	0,3	5,7	5,7	—	6,8	7,2	0,4
Dezember . . .	−1,9	−2,2	0,3	−1,3	−1,8	0,5	−1,5	−2,3	−0,8	−1,2	−1,9	−0,7
Januar	−0,1	0,3	−0,4	1,5	2,3	−0,8	0,1	0,1	—	1,1	1,6	0,5
Februar	0,0	0,4	−0,4	3,2	3,9	−0,7	0,3	0,1	−0,2	2,6	3,2	0,6
Winter	−0,7	−0,5	−0,2	1,1	1,5	−0,4	−0,4	−0,7	−0,3	0,8	1,0	0,2
Jahresmittel . .	6,4	6,1	0,3	8,3	8,1	0,2	5,1	5,2	0,1	6,5	7,2	0,7

Anmerkung. Die Zahlen in der Rubrik „Differenz" zeigen an, um wieviel Grade $\frac{\text{im Freien der Boden}}{\text{im Walde die Luft}}$ wärmer (+) oder kälter (−) ist als $\frac{\text{die Luft}}{\text{der Boden}}$.